TRIBUNAL DE CONTAS E COMBATE À CORRUPÇÃO

SAULO MARQUES MESQUITA

Celmar Rech
Prefácio

TRIBUNAL DE CONTAS E COMBATE À CORRUPÇÃO

Belo Horizonte

FÓRUM
CONHECIMENTO JURÍDICO
2022

© 2022 Editora Fórum Ltda.

É proibida a reprodução total ou parcial desta obra, por qualquer meio eletrônico, inclusive por processos xerográficos, sem autorização expressa do Editor.

Conselho Editorial

Adilson Abreu Dallari
Alécia Paolucci Nogueira Bicalho
Alexandre Coutinho Pagliarini
André Ramos Tavares
Carlos Ayres Britto
Carlos Mário da Silva Velloso
Cármen Lúcia Antunes Rocha
Cesar Augusto Guimarães Pereira
Clovis Beznos
Cristiana Fortini
Dinorá Adelaide Musetti Grotti
Diogo de Figueiredo Moreira Neto (*in memoriam*)
Egon Bockmann Moreira
Emerson Gabardo
Fabrício Motta
Fernando Rossi
Flávio Henrique Unes Pereira

Floriano de Azevedo Marques Neto
Gustavo Justino de Oliveira
Inês Virgínia Prado Soares
Jorge Ulisses Jacoby Fernandes
Juarez Freitas
Luciano Ferraz
Lúcio Delfino
Marcia Carla Pereira Ribeiro
Márcio Cammarosano
Marcos Ehrhardt Jr.
Maria Sylvia Zanella Di Pietro
Ney José de Freitas
Oswaldo Othon de Pontes Saraiva Filho
Paulo Modesto
Romeu Felipe Bacellar Filho
Sérgio Guerra
Walber de Moura Agra

Luís Cláudio Rodrigues Ferreira
Presidente e Editor

Coordenação editorial: Leonardo Eustáquio Siqueira Araújo
Aline Sobreira de Oliveira

Rua Paulo Ribeiro Bastos, 211 – Jardim Atlântico – CEP 31710-430
Belo Horizonte – Minas Gerais – Tel.: (31) 2121.4900
www.editoraforum.com.br – editoraforum@editoraforum.com.br

Técnica. Empenho. Zelo. Esses foram alguns dos cuidados aplicados na edição desta obra. No entanto, podem ocorrer erros de impressão, digitação ou mesmo restar alguma dúvida conceitual. Caso se constate algo assim, solicitamos a gentileza de nos comunicar através do *e-mail* editorial@editoraforum.com.br para que possamos esclarecer, no que couber. A sua contribuição é muito importante para mantermos a excelência editorial. A Editora Fórum agradece a sua contribuição.

Dados Internacionais de Catalogação na Publicação (CIP) de acordo com ISBD

M582t	Mesquita, Saulo Marques
	Tribunal de Contas e combate à corrupção / Saulo Marques Mesquita. - Belo Horizonte : Fórum, 2022.
	128p. ; 14,5cm x 21cm.
	Inclui bibliografia.
	ISBN: 978-65-5518-391-7
	1. Direito. 2. Direito Constitucional. 3. Direito Administrativo. I. Título.
	CDD 342
2022-1327	CDU 342

Elaborado por Vagner Rodolfo da Silva - CRB-8/9410

Informação bibliográfica deste livro, conforme a NBR 6023:2018 da Associação Brasileira de Normas Técnicas (ABNT):

MESQUITA, Saulo Marques. *Tribunal de Contas e combate à corrupção*. Belo Horizonte: Fórum, 2022. 128p. ISBN 978-65-5518-391-7.

A Deus, meu pai, autor e consumador de minha fé. A Luciana, minha esposa, companheira de toda a vida, alicerce de minhas veredas. A Vitor e Gabriela, filhos amados, cujas existências me ensinaram o significado do verbo "amar". A José e Jolívia, meus pais, sem os quais nada seria possível. A Bruno, sobrinho querido, que hoje contempla o Senhor face a face.

AGRADECIMENTOS

Expressar gratidão é um privilégio, pois isso significa que algo de bom aconteceu e que alguém contribuiu para isso. De outro lado, também é uma tarefa árdua, uma vez que, por esquecimento, sempre corremos o risco de cometer alguma injustiça. Afinal, nesse sopro de existência, são inúmeras as pessoas que caminham conosco e nos fortalecem para os embates da vida.

Minha gratidão ao Tribunal de Contas do Estado de Goiás (TCE/GO), minha segunda casa. Mais do que uma instituição com assento constitucional, voltada para a tutela do interesse público, o tribunal se traduz em uma legião de homens e mulheres de valor, comprometidos com a efetivação do bem comum. E o fundamento do presente trabalho remete exatamente à atuação de seus membros e servidores, particularmente no que toca às infinitas possibilidades de combate à corrupção.

Agradeço, também, ao Programa de Pós-Graduação em Direito Público da Universidade Federal de Goiás (UFG). A gênese da presente obra está indissociavelmente ligada a esse prestigiado programa, uma vez que se trata de adaptação da dissertação apresentada visando à obtenção do título de mestre em direito e políticas públicas. Meus sinceros agradecimentos ao professor doutor Saulo Coelho, então coordenador do programa, bem como ao professor doutor Fabrício Motta, também Conselheiro de Tribunal de Contas e, mais do que isso, sempre companheiro, cuja orientação foi imprescindível para meu êxito.

Finalmente, minha gratidão a toda a equipe de meu gabinete. A redação da presente obra, concomitantemente ao exercício das atividades laborais, somente foi possível porque conto com o apoio de pessoas especiais, sempre prontas a me auxiliar no exercício da atividade de controle. Não posso deixar de destacar minha chefe de gabinete, Nádia, que se dispôs a ler os trabalhos que resultaram no texto final, ajudando-me com inteligentes e profícuas sugestões.

LISTA DE ABREVIATURAS E SIGLAS

ATRICON	–	Associação dos Membros dos Tribunais de Contas do Brasil
CE	–	Constituição Estadual
CF	–	Constituição Federal
CGU	–	Controladoria-Geral da União
CNMP	–	Conselho Nacional do Ministério Público
FIESP	–	Federação das Indústrias do Estado de São Paulo
FMI	–	Fundo Monetário Internacional
FUNDEB	–	Fundo de Manutenção e Desenvolvimento da Educação Básica e de Valorização dos Profissionais da Educação
IBGE	–	Instituto Brasileiro de Geografia e Estatística
LDO	–	Lei de Diretrizes Orçamentárias
LINDB	–	Lei de Introdução às Normas do Direito Brasileiro
LOA	–	Lei Orçamentária Anual
LOTCE-GO	–	Lei Orgânica do Tribunal de Contas do Estado de Goiás
PIB	–	Produto Interno Bruto
PGE	–	Procuradoria-Geral do Estado
PGJ	–	Procuradoria-Geral de Justiça
PPA	–	Plano Plurianual
PPGDP	–	Programa de Pós-Graduação em Direito e Políticas Públicas
RITCE	–	Regimento Interno do Tribunal de Contas do Estado de Goiás
STF	–	Supremo Tribunal Federal
TAG	–	Termo de Ajustamento de Gestão
TCU	–	Tribunal de Contas da União
TCE	–	Tribunal de Contas do Estado
TCE/GO	–	Tribunal de Contas do Estado de Goiás
TC's	–	Tribunais de Contas
UFG	–	Universidade Federal de Goiás

SUMÁRIO

PREFÁCIO
Celmar Rech...13

INTRODUÇÃO...17

CAPÍTULO 1
DA CORRUPÇÃO..25
1.1   Corrupção, constituição e modernidade periférica:
uma reflexão necessária...25
1.2   Corrupção e normatividade...31
1.3   Instrumentalidade constitucional e do direito público
no combate à corrupção...35
1.4   Para entender a corrupção...38
1.5   Corrupção e direitos fundamentais...48

CAPÍTULO 2
DA ATIVIDADE DE CONTROLE..57
2.1   Elementos conceituais a respeito do controle...57
2.2   A natureza autorreferencial e a autopoiese do controle.......................60
2.3   Espécies de controle...61
2.4   A importância do controle administrativo..71
2.5   O exercício do controle externo..73

CAPÍTULO 3
O TRIBUNAL DE CONTAS NO ENFRENTAMENTO À
CORRUPÇÃO...79
3.1   Dos tribunais de contas...79
3.2   O combate à corrupção pelo sistema dos tribunais de contas.............84
3.3   Competências gerais dos tribunais de contas e sua importância
para o combate à corrupção...87

3.4   A atividade sancionadora dos tribunais de contas 97

3.5   Instrumentos processuais de utilidade para o combate à corrupção 103

3.6   Os diferentes vieses da atuação dos tribunais de contas 114

CONSIDERAÇÕES FINAIS 117

REFERÊNCIAS..121

PREFÁCIO

Estimado leitor, esta é uma obra na qual Dr. Saulo Marques Mesquita, conciliando habilmente uma escrita ao mesmo tempo refinada e acessível, revela muito da sua formação humanística e cristã ao nos oferecer uma oportunidade concreta de aprimoramento pessoal, por meio de um texto que incessantemente instiga o interlocutor a vislumbrar uma sociedade mais justa, livre e solidária.

Ter recebido o convite para prefaciar o livro é motivo de grande honra, vez que convivo diariamente com o autor no Conselho de Contas, há mais de uma década, e testemunho, com orgulho, sua lhaneza no trato, elegância na forma, solidez de formação e, especialmente, a conduta ética e moral, seja como servidor público ou pai de família.

A obra *Tribunal de Contas e combate à corrupção* se divide em três grandes títulos. O primeiro caracteriza o tema corrupção e aborda suas nuances normativas. O segundo expõe um amplo painel sobre atividade de controle, cabendo à parte final o aprofundamento na atuação das Cortes de Contas e sua contribuição no combate às práticas corruptivas. Como fio condutor, o autor estabelece os efeitos deletérios causados pela corrupção na dignidade da pessoa humana, questionando a própria razão de ser do Estado e provocando no leitor sentimentos ambivalentes de incômodo e inspiração.

Destaco a sofisticação com que apresenta as especificidades dos países centrais e periféricos (pensamento abissal) e demonstra, criticamente, o descompasso da realidade brasileira com os direitos e garantias fundamentais preconizados no texto constitucional de 1988. Em plena discussão sobre o ingresso do Brasil na Organização para a Cooperação e Desenvolvimento Econômico (OCDE), a questão ganha ainda mais relevância, vez que pressupõe certo nivelamento de indicadores com os países mais desenvolvidos do mundo, sejam eles ligados à corrupção, padrões da governança, de transparência, preservação do meio ambiente ou índices de desenvolvimento humano.

Embora reconheça a abrangência e a volatilidade que o termo corrupção ganha na doutrina, o autor é magistral ao delimitá-lo, pois desborda o conceito em sua concepção jurídico penal para alcançar a efetividade nos campos da sociologia, economia, história, antropologia e filosofia. Delineia o impacto do tema na opinião pública, seus efeitos na saúde fiscal do Estado e até mesmo sobre os direitos das mulheres. Conclama-nos ao combate à corrupção por meio da efetiva utilização do plexo normativo, do diálogo entre os diversos atores institucionais (Ministério Público, Judiciário, tribunais de contas, sociedade...) e pela invocação dos valores e princípios mais elevados de todos nós, em particular o respeito ao próximo.

Ao detalhar com clareza e profundidade o aparato instituído à mão das instituições de controle, mas também apto à efetiva participação do cidadão, o autor apresenta o controle como exigência e condição do regime democrático, verdadeiro instrumento da cidadania. Após examinar as características do controle judicial, legislativo e político, termina por revelar o condão transformador da atuação pedagógica ou sancionatória do Controle Administrativo em sua defesa do interesse público, da igualdade e da isonomia entre os cidadãos.

Ensinando sobre o funcionamento e a atuação das cortes de contas, discorre sobre iniciativas dos tribunais brasileiros e dos organismos de controle internacionais, desvenda aspectos da apuração de condutas, da responsabilização de agentes e da recomposição do erário lesado. Aclara particularidades sobre a sinergia entre os tribunais de contas e outros agentes de fiscalização, esmiúça com precisão os instrumentos processuais por meio dos quais as decisões das cortes de contas corrigem rumos e aprimoram ambientes que poderiam favorecer atos corruptivos.

A obra trata com riqueza a atuação do controlador externo sobre as dimensões contábil, financeira, patrimonial, orçamentária e operacional das estruturas públicas, sem contar os atos de pessoal, que sozinhos representam parte significativa dos orçamentos públicos. Tal expertise no Brasil é exclusividade das cortes de contas, que compreendem e aprofundam-se nesses temas, desde a fiscalização da Lei de Responsabilidade Fiscal, dos concursos públicos às licitações e ao Fundo de Manutenção e Desenvolvimento da Educação Básica e de Valorização dos Profissionais da Educação (FUNDEB), enfim, há uma gama temática em que os tribunais de contas assumem o protagonismo, motivo pelo qual são destinatários contumazes de denúncias e representações, apresentando-se como importantes canais para fortalecer a participação social no combate ao desvirtuamento das ações estatais.

Por fim, preciso destacar a especial e irretocável atenção conferida pelo autor ao parecer prévio sobre as contas anuais do Chefe do Executivo e sua apreciação pelo Legislativo, cujos desdobramentos podem acarretar inelegibilidade ao agente político, mas, sobretudo, contribuem para um ambiente menos fértil a desvios, vez que há cada vez mais consenso doutrinário associando o desequilíbrio fiscal à elevação dos riscos de corrupção.

Ao concluir a leitura, com o reconhecimento do vital papel da função controladora no aprimoramento do Estado, fica para o leitor a sensação de estar impregnado pelo espírito de contribuição para um país mais eficiente, justo e solidário, com o vislumbre de um horizonte real para o sucesso. Com o esforço de todos, já estamos trilhando esse caminho e chegaremos lá.

Parabéns e boa leitura a todos.

Goiânia, fevereiro de 2022.

Celmar Rech
Conselheiro do Tribunal de Contas do Estado de Goiás (TCE/GO). Mestre em Economia do Setor Público pela Universidade de Brasília (UNB). Especialista em Direito Público pelo Instituto Processus. Graduado em Economia e Direito.

INTRODUÇÃO

Embora a maioria das afirmações seja passível de objeções, é certo que, para algumas delas, o grau de certeza com que se impregnam impede que, em absoluto, sejam refutadas. E uma afirmação irrefutável é a de que a corrupção ocupa, como nunca, um lugar de destaque no seio da coletividade, constituindo uma temática que tem sido objeto de atenção em níveis jamais praticados antes desta primeira quadra do século XXI. Anteriormente tratada de forma esparsa, geralmente impulsionada por matérias jornalísticas produzidas pelos meios de comunicação convencionais, cujo alcance nem sempre se mostrava acessível ou compreensível ao grande público, atualmente, a corrupção se transformou, para o brasileiro, em um assunto corrente nas conversas entabuladas em todas as esferas de relacionamento, desde o âmbito doméstico, passando pelas relações familiares e alcançando a órbita pública de compartilhamento da vivência cotidiana. Se antes o acesso à informação dependia do "boca a boca", da "conversa ao pé do ouvido", com todas as limitações proporcionadas pela vastidão do território nacional, atualmente ele se encontra a um clique de distância, ingressando nos lares e ambientes de trabalho pela tela dos dispositivos eletrônicos que se tornaram, para o bem ou para o mal, uma verdadeira extensão de nossa existência.

O fato é que a alvorada do mundo virtual não representou o ocaso do real. Pelo contrário. O acesso à informação, proporcionado pelas mídias eletrônicas, tem colocado nas mãos das pessoas comuns informações que antes se encontravam adstritas ao restrito grupo envolvido diretamente no desempenho das atividades estatais. Hoje, com as transmissões em tempo real das sessões dos tribunais superiores e do Congresso Nacional, com a enxurrada de notas publicadas por autoridades públicas em redes sociais, com a multidão de notícias que se sucedem a cada minuto nos portais jornalísticos, com os comentários e a participação direta de cidadãos insatisfeitos com os atos do mundo político, ficou difícil haver quem esteja absolutamente alienado em relação ao tema da corrupção. Quem antes sequer sabia exatamente o que estava acontecendo no meio político, agora tem vez e voz para expressar seu descontentamento. Naturalmente, o mau uso dessa liberdade, por vezes, tem levado a exageros, a abusos e a situações iníquas. Isso, no entanto, não obsta a que se reconheça o lado positivo inerente ao amplo acesso à informação, sobretudo pelo incremento do controle social incidente sobre a coisa pública. Nessa linha, termos como "mensalão", "petrolão", "Lava Jato" e tantos outros relacionados à corrupção e ao seu combate são conhecidos e reverberados diariamente, independentemente das diferentes características pessoais, como sexo, idade, classe social e nível de formação educacional.

O fato irrecusável é que muitas pessoas possuem hoje uma opinião formada a respeito do tema, o qual, em geral, é destinatário de manifestações de repulsa, às vezes efusivas, outras vezes nem tanto. Essa ojeriza em relação à corrupção se espraia por toda a sociedade brasileira, inclusive entre aqueles que, mesmo se dizendo contrários às práticas espúrias, ainda reservam uma pequena parcela das ações praticadas em sua esfera privada a condutas alheias aos preceitos da ética e da moralidade. E essa é uma reflexão a que devemos nos submeter. As mesmas vozes que se insurgem contra os grandes desvios de dinheiro público, contra as repugnantes práticas violadoras dos princípios constitucionais, não raras vezes são aquelas que se calam em relação a atitudes por si mesmas adotadas no dia a dia. Fatos pequenos, como avançar o farol vermelho, desrespeitar vagas de estacionamento destinadas a idosos, "furar" a fila da vacinação ou levar uma caneta do trabalho para casa. Pequenas atitudes que, no conjunto da obra, revelam que o problema da corrupção está incrustado na alma do brasileiro, em proporção maior do que ele pode ou deseja imaginar. Talvez essas idiossincrasias sejam oriundas de um processo de cicatrização do sentimento de que a corrupção é um problema inarredável da realidade com a qual nos defrontamos por essas latitudes. É, por assim dizer, "coisa nossa". Claro que não se ignora a existência desse mal em outras nações. No entanto, padece o brasileiro desse sentimento de que por aqui, talvez, a coisa seja um pouco pior. Afinal, é de conhecimento geral que a característica primordial do processo colonizatório europeu foi a da máxima exploração das riquezas naturais, em benefício dos interesses da metrópole. Não que isso seja uma exclusividade da colonização brasileira, mas parece que os elementos necessários para que o problema

INTRODUÇÃO | 19

atingisse maiores proporções se apresentaram mais generosamente em nosso país do que em outros que também já foram colônias.

Não sem razão, afirma-se que nesse processo, desde o princípio, o qual remonta aos tempos da chegada das primeiras caravelas portuguesas, "não faltaram cenas de violência, roubo e toda sorte de corrupção".[1] A respeito do germe desse mal, é ilustrativa a constatação de que a Coroa portuguesa autorizou o primeiro governador-geral, Tomé de Sousa, a conceder as dádivas que fossem necessárias a todos quantos colaborassem com a consolidação do domínio lusitano, uma espécie de cheque em branco que, por si só, já proporcionava um ambiente propício a práticas espúrias, as quais prosseguiram nas gestões seguintes. Tamanha era a corrupção, já no século XVII, que "viajantes costumavam afirmar que era preferível ser roubado por piratas em alto-mar a aportar no Brasil",[2] uma vez que aqui estariam sujeitos a toda sorte de extorsão. O seguinte texto ilustra muito bem tal realidade:

> Nas cartas deixadas, navegadores narravam sua surpresa diante da 'esperteza dos brasileiros', que contrabandeavam cargas preciosas e misturavam pó com ouro para passar a impressão de que a produção era ainda maior e assim conseguir mais lucros. É desse período a expressão 'santo do pau oco': o ouro surrupiado era escondido dentro de imagens de madeira da Igreja Católica, para que seus comerciantes escapassem ilesos dos altos impostos cobrados pela Coroa portuguesa.[3]

O pior de tudo é que a esperteza dos brasileiros era contrastada pela voracidade da Coroa e dos imigrantes portugueses, formando uma receita cujo resultado não poderia ser diferente. O caldo da corrupção engrossava a cada dia. E isso ficou mais evidente com a chegada da família real, em 1808. Já no primeiro instante, d. João VI foi aquinhoado com a Quinta da Boa Vista, presente de um traficante de escravos local que, em contrapartida, aproveitou toda a gratidão da Coroa para amealhar riquezas de origem duvidosa.[4] Embora se afirme que o monarca gozava de boa popularidade, o fato é que a máquina pública se tornava cada vez mais inchada, o controle social era inexistente e a descontrolada distribuição de títulos de nobreza, além de enriquecer

---

[1] SCHWARCZ, Lilia Moritz; STARLING, Heloisa Murgel. *Brasil: uma biografia*. São Paulo: Companhia das Letras, 2015. p. 26.

[2] SCHWARCZ, Lilia Moritz. *Sobre o autoritarismo brasileiro*. São Paulo: Companhia das Letras, 2019. p. 91.

[3] SCHWARCZ, Lilia Moritz. Op. cit., p. 91-92.

[4] SCHWARCZ, Lilia Moritz. Op. cit., p. 95.

a Coroa, favorecia o recrudescimento da corrupção. Uma amostra da condescendência de d. João VI com a corrupção foi evidenciada no episódio do roubo das joias da Coroa, quando os responsáveis, ao invés de punidos, foram promovidos de barão a visconde:

> A promoção dos dois corruptos fez com que os cariocas, fiéis a sua vocação de satirizar até suas próprias desgraças, celebrizassem a roubalheira em versos populares: 'Quem furta pouco é ladrão / Quem furta muito é barão / Quem mais furta e esconde / Passa de barão a visconde'.[5]

Passados 200 anos, tais versos ainda têm seu lugar ao sol. Infelizmente.

O fato é que, desde suas origens, o Brasil foi sendo construído sobre bases pouco atreladas a parâmetros éticos, em um movimento não apenas vertical (das relações entre governantes e governados), mas também horizontal (das relações da população em si). A própria existência do regime escravocrata parece ter contribuído para a diminuição dos freios morais. Afinal, como alerta Schwarcz, a manutenção de tal instituição demandava uma consciência imune aos escrúpulos morais, pressupondo, como natural, a aceitação da exploração de outros seres humanos visando ao enriquecimento próprio.[6] Assim, impregnou-se no subconsciente da população o sentimento de que, na busca de vantagens pessoais, as regras prevalentes eram a do vale tudo, a do enriquecimento ao menor esforço possível e a dos fins que justificam os meios.

E tal sentimento continuou acompanhando o país em seu desenvolvimento histórico. Era de se esperar que, com o ocaso da monarquia, o movimento de 1889 se fizesse acompanhar de efetivos valores republicanos, voltados à prevalência do público sobre o privado, à consagração do respeito às virtudes éticas e morais nas relações entabuladas nos âmbitos público e privado. Não foi o que aconteceu. A política do apadrinhamento e da busca de vantagens continuou durante a República Velha. Chama a atenção o desalento de um dos apoiadores da proclamação da República, Alberto Sales, irmão do Presidente Campos Sales, ao afirmar que o novo regime se tornara mais corrupto que a monarquia.[7] E assim prosseguiu o país, nas demais fases da

---

[5] GOMES, Laurentino. *1808*. São Paulo: Planeta, 2007. p. 174.
[6] SCHWARCZ, Lilia Moritz. Op. cit., p. 93.
[7] SCHWARCZ, Lilia Moritz. Op. cit., p. 104.

República, com as mesmas práticas subjugadoras do interesse público. O aquinhoamento pessoal e dos amigos continuou existindo nos momentos que se sucederam, alterando-se apenas o nome e a vestimenta com que se apresentavam e continuam se apresentando até hoje. Coronelismo, clientelismo, voto de cabresto, patrimonialismo, fisiologismo, nepotismo, tráfico de influência, superfaturamento, peculato e assim por diante. Passando pela República Nova, pelo getulismo, pela construção de Brasília, pela ditadura militar, pela redemocratização, nenhum período seguiu indene de escândalos de corrupção, os quais, certamente, representaram apenas a ponta do *iceberg*.

A verdade é que o Brasil traz em sua alma o estigma pernicioso da corrupção. E, como salientado, ele continua sendo alimentado no seio do sistema político vigente, sobretudo no âmbito do presidencialismo de coalizão, o qual favorece a prática do "toma lá, dá cá". Acresce-se a isso, como uma das causas da corrupção sistêmica, "o desejo de enriquecimento por parte dos políticos, tomados pela ideologia neoliberal que mede sucesso exclusivamente por dinheiro".[8] E, não bastasse, temos alimentado esse monstro em muitos de nossos lares, naquilo que consideramos deslizes pequenos o suficiente para nos isentar de qualquer sentimento de culpa.

Em suma, esse sentimento parece estar impregnado na mentalidade de muitos daqueles que para cá vieram ou que por aqui nasceram, de modo que a identidade nacional acabou sendo forjada com base na ideia daquilo que ludicamente convencionamos chamar de "jeitinho brasileiro", isto é, a concepção de que aquilo que é dos outros pode servir aos meus interesses pessoais, ainda que, para isso, seja necessário empregar algum tipo de artifício ou subterfúgio. Afinal, diante dos reclames da ética e da moral, não custa nada tergiversar, um pouquinho que seja.

Porém, nem tudo está perdido. Embora o quadro apresentado soe um tanto desalentador, o fato é que jamais houve um ambiente tão favorável ao combate da corrupção como agora. Como afirmamos, vivemos em uma era em que o acesso à informação possibilita o incremento do controle social. A mídia e as redes sociais têm lançado luz sobre as práticas pouco republicanas adotadas por agentes que buscam se beneficiar às custas do erário. As instituições de controle têm se fortalecido, reunindo condições para melhor combater a corrupção.

---

[8] ARAÚJO, Cicero; BELINELLI, Leonardo; SINGER, André. *Estado e democracia*. Rio de Janeiro: Zahar, 2021. p. 228.

Não é exagero afirmar que a Constituição Federal de 1988 representou um importante passo nesse sentido. Em consonância com as aspirações democráticas prevalentes no período que sucedeu ao regime militar, nossa Constituição estabeleceu como objetivos fundamentais da República Federativa do Brasil a construção de uma sociedade livre, justa e solidária, a viabilização do desenvolvimento nacional, a erradicação da pobreza e da marginalização, a redução das desigualdades sociais e regionais e a promoção do bem de todos, sem preconceitos de origem, raça, sexo, cor, idade e quaisquer outras formas de discriminação. Nos moldes contemplados pelo modelo constitucional vigente, esses fundamentos se encontram intrinsecamente relacionados aos parâmetros de atuação do Estado, em especial no que toca à formulação, à implementação e ao monitoramento de políticas públicas destinadas à satisfação dos interesses da coletividade. Incumbe ao Estado, desse modo, prover o acesso de todos às prestações públicas indispensáveis para assegurar o mínimo existencial, sem o qual jamais se poderia conceber uma sociedade livre, justa e solidária. Tais caracteres se encontram indissoluvelmente relacionados à premissa de que todos são merecedores de igual consideração, apenas se admitindo as discriminações imprescindíveis para enfrentar as diferenças próprias de cada individualidade. Essa percepção a respeito da isonomia entre os pares é o fio condutor dos demais fundamentos da República, uma vez que tem o potencial de proporcionar condições favoráveis à erradicação da pobreza e da marginalização, bem como a redução das desigualdades sociais e regionais, viabilizando a efetivação de um ambiente propício ao desenvolvimento nacional.

Nessa linha, é primordial que o Estado contemporâneo destine seus recursos ao implemento de tais objetivos fundamentais, o que se faz, como se afirmou, mediante a formulação, a implementação e o monitoramento de políticas públicas adequadas. Contudo, sobretudo na modernidade periférica ora vivenciada, óbices se têm apresentado à efetivação desse desiderato. Ao lado das fragilidades estruturais próprias de um país em desenvolvimento, e, também, de problemas como a deficiência de planejamento e de ações políticas consistentes, a carência de recursos financeiros se apresenta como um obstáculo à consecução de políticas públicas adequadas. Nesse ponto, sem um levantamento conclusivo, não se poderia simplesmente atribuir a escassez de recursos à baixa arrecadação tributária. Pelo contrário. É fato público e notório que, no Brasil, a carga tributária se apresenta como uma das mais altas do mundo. Sem embargo disso, por certo, ainda assim seria possível implementar maior eficiência na arrecadação, de modo a incrementar as receitas públicas com suporte em uma ação adequada sobre grandes devedores, os quais se valem de brechas legais para postergar o recolhimento de seus tributos. Contudo, para além da discussão inerente à arrecadação, o fato é que o Estado brasileiro gasta muito e, o que é pior, gasta mal. A falta de qualidade do gasto público reflete diretamente na ineficiência da atuação estatal, conduzindo a prejuízos no que toca ao atendimento dos objetivos fundamentais da República. E não é exagero dizer que a corrupção se encontra na base desse problema. As práticas escusas no seio da administração conduzem ao depauperamento do patrimônio público. Isso incrementa o problema da escassez de recursos disponíveis para o atendimento às sempre crescentes necessidades da população. Com esse sentir, afigura-se premente o enfrentamento do problema da corrupção. Afinal, os efeitos desse mal se apresentam fortemente lesivos aos interesses da sociedade, levando à frustração dos mencionados objetivos fundamentais da República. Pergunta-se: se recursos públicos são desviados para o bolso de particulares, como assegurar a construção de uma sociedade livre, justa e solidária, a viabilização do desenvolvimento nacional, a erradicação da pobreza e da marginalização, a redução das desigualdades sociais e regionais, bem como a promoção do bem de todos? Como garantir que as necessidades primordiais da população, representadas pela garantia do mínimo existencial, sejam devidamente atendidas?

A resposta a tais questionamentos passa, necessariamente, pela observância dos valores republicanos, os quais subordinam o interesse privado à prevalência do interesse público. Para tanto, em primeiro lugar, é imprescindível conhecer o inimigo a ser combatido. Entender o que é a corrupção, as formas como ela se apresenta e os meios pelos quais atua. Compreender também como o nominalismo constitucional e a posição ocupada pelo Brasil na modernidade periférica favorecem sua existência. Depois disso, é importante conhecer o arsenal de que dispomos, quais são os instrumentos que podemos utilizar para levar o enfrentamento a campo aberto. Nesse particular, é fato que a Constituição Federal de 1988 fortaleceu as instituições de controle, dentre as quais se destaca o Tribunal de Contas. Sem refutar a importância do Poder Judiciário, do Ministério Público, das comissões parlamentares, da advocacia pública e da polícia, o fato é que o Tribunal de Contas dispõe de instrumentos que, quando adequadamente utilizados, podem contribuir enormemente para o combate à corrupção, quer seja prevenindo a ocorrência de danos, quer seja viabilizando sua recomposição, ou, ainda, sancionando os agentes precipitadores.

Buscamos, com o presente trabalho, exatamente isso. Entender a corrupção, conhecer o Tribunal de Contas e assimilar os instrumentos que essa instituição, de assento constitucional, pode utilizar em seu enfrentamento. O conhecimento que se pretende adquirir certamente se constitui em um pequeno passo na caminhada contra a corrupção e, consequentemente, no implemento dos objetivos fundamentais de República. E, por pequeno que seja, sabemos que cada passo dado nos aproxima de nosso destino final.

CAPÍTULO 1

DA CORRUPÇÃO

1.1 Corrupção, constituição e modernidade periférica: uma reflexão necessária

A evolução tecnológica que sobreveio ao mundo, no século XX, suplantou todo o progresso alcançado até então pela humanidade. Para tanto, foi determinante o aprimoramento do pensamento científico, cujo salto ocorreu na esteira do Iluminismo, da Revolução Industrial e das revoluções Americana e Francesa. A valorização do pensamento crítico, a compreensão a respeito da relevância da investigação científica e da disseminação do conhecimento se tornaram importantes propulsores das nações modernas, levando a um grau de desenvolvimento até antes inimaginável. Novas demandas acompanharam essa evolução, em especial em decorrência da globalização, acarretando enormes desafios ao Estado pós-moderno, forçando-o a uma mudança de concepção em relação às suas finalidades e, de consequência, à formulação e execução de políticas públicas destinadas à sua satisfação. É assim que o Estado dirigente e intervencionista cede lugar ao regulador, deixando o papel de protagonista no atendimento das demandas coletivas e compartilhando o espaço decisório com outros atores, propiciando uma atuação conjunta, destinada à satisfação das novas necessidades que se sucedem a cada dia.[1]

Sob tal concepção, não se pode ignorar que essa nova realidade contempla a sociedade moderna, em especial no mundo ocidental,

---

[1] MARQUES NETO, Floriano Peixoto de Azevedo. *Regulação estatal e interesses públicos*. São Paulo: Malheiros, 2002. p. 103.

com um incremento nas condições de vida, proporcionando crescentes subsídios propiciatórios de uma existência digna. Naturalmente, a depender do país, dadas as desigualdades inerentes à distribuição das riquezas, tal incremento não ocorrerá de modo satisfatório. Contudo, desde que haja genuíno comprometimento do Estado, é possível empregar os benefícios oriundos do desenvolvimento tecnológico e da própria globalização na construção de uma sociedade justa, livre e solidária, objetivo este que, não por acaso, se constitui em um dos esteios da República Federativa do Brasil (artigo 3º, inciso I, da Constituição Federal de 1988).

Noutro giro, impõe-se a constatação de que tal evolução não teve o condão de proporcionar apenas benefícios ao homem moderno. Ao lado das benesses, também acabaram sendo geradas situações deletérias, sem falar no recrudescimento de problemas adrede existentes. Assim, exemplificativamente, se de um lado o conhecimento científico permite prevenir e tratar doenças, de outro, esse mesmo conhecimento enseja o desenvolvimento de armas capazes de aniquilar populações inteiras. E, partindo para o campo do direito público, se hoje o desenvolvimento dos sistemas de comunicação permite o intercâmbio de informações para a prevenção de ilegalidades, possibilitando o diálogo entre os diversos órgãos de controle, de outro lado têm se aperfeiçoado as práticas nefastas de organizações criminosas, cujo principal intento se consubstancia na dilapidação dos cofres públicos. Naturalmente, não é dado ao homem público ignorar que a corrupção é um mal que acompanha a humanidade desde os primórdios, não conhecendo limites temporais e tampouco barreiras territoriais. Todos os países estão sujeitos a tal espécie de mal, ainda que haja uma relevante diferença de graus quando os respectivos dados são objeto de comparação. Não obstante, é fato que tais práticas danosas têm recrudescido na sociedade moderna, em especial diante da facilitação decorrente exatamente do surgimento de instrumentos tecnológicos destinados ao seu acobertamento. E, como já afirmamos, no Brasil este problema tem acompanhado a história nacional, assumindo proporções ainda mais graves.

Tal constatação coloca em xeque a atuação do Estado no combate às organizações criminosas, tornando imprescindível o aprimoramento das atividades de formulação, execução e implementação de políticas públicas voltadas a esse fim. Para tanto, é primordial a pré-existência de um sólido aparato constitucional, propiciador de instrumentos aptos à consecução dessa árdua tarefa.

Diante disso, é primordial analisar a posição do constitucionalismo no que se refere ao combate à corrupção, tendo em conta a linha abissal do pensamento moderno, caracterizada pela reprodução da dualidade ensejadora da segmentação entre estados centrais e periféricos. Disso decorre a importância de se refletir a respeito da funcionalidade normativa da Constituição e das assimetrias estruturais inerentes a não implementação efetiva dos direitos fundamentais. Segue-se, então, a importância de analisar a Constituição brasileira e sua natureza nominalista, identificando o descompasso da realidade com os direitos e garantias fundamentais preconizados em seu texto, o que coloca em evidência a insuficiente positividade do direito, dificultando um movimento em direção à centralidade, e vislumbrando, ainda, o modo como o Estado brasileiro percebe o fenômeno da corrupção, tendo como pano de fundo o ordenamento constitucional, o qual vocaciona e instrumentaliza instituições concebidas para enfrentar tal problema.

Nessa linha, é fato que o Estado (pós)moderno apresenta características próprias, fundadas na herança colhida no seio do desenvolvimento histórico do constitucionalismo. Essa evolução tem raízes claras na forma como as constituições têm sido concebidas, havendo inequívoca relação de seu conteúdo com a situação política, social e econômica experimentada em determinados momentos e ambientes. É assim que o constitucionalismo se apresenta simultaneamente como testemunha e partícipe da modernidade, interferindo diretamente na forma como o Estado se relaciona com seus cidadãos e vice-versa, o que se alicerça com substância nas especificidades históricas de cada país.

Importante perceber que tais especificidades são múltiplas, o que torna palpável a existência de linhas abstratas a dividir os países centrais (em geral situados no Ocidente e ao norte da linha do Equador) daqueles considerados periféricos (via de regra, meridionais). É interessante, nesse ponto, notar que tais linhas são conceituadas como "abissais", o que, no léxico, se qualifica como aquilo que possui profundidades e distâncias intransponíveis. É assim que o pensamento ocidental hegemônico implica uma compartimentação, cuja concepção convalida as linhas cartográficas que demarcavam o Velho e o Novo Mundo na era colonial.[2] Essas linhas abissais conferem ao pensamento ocidental contornos específicos, tornando-se tarefa quase impossível sua transposição para o outro lado, especialmente porque o lado diverso é considerado como praticamente inexistente. E, ao ser entendido como inexistente, o lado oposto é excluído e permanece como exterior ao

---

[2] SANTOS, Boaventura Souza. Para além do pensamento abissal: das linhas globais a uma ecologia de saberes. *Revista Novos Estudos – CEBRAP*, São Paulo, n. 79, p. 71-94, nov. 2007.

universo. Nessa perspectiva, ressalta-se que "a característica fundamental do pensamento abissal é a impossibilidade da copresença dos dois lados da linha".[3] Essas linhas divisórias, que se qualificam como inerentes à ciência e ao direito, acabam sendo responsáveis, ainda que em parte, por uma outra compartimentação. Há, assim, uma reprodução dessa dualidade (o lado de cá, pleno, em contraposição ao lado de lá, inexistente), estabelecendo-se a segmentação entre estados centrais e periféricos. Evidentemente, ao formular essa concepção, presume-se que o observador esteja topograficamente situado em um Estado central, o que não é o caso do Brasil.

É relevante atentar-se, contudo, para a advertência de que "a sociedade moderna vai muito além da diferença entre centro e periferia para afirmar a sua multiplicidade".[4] Em reforço, sustenta-se que, tal qual nas formas-diferença luhmannianas, não subjaz postura valorativa, normativa ou moral nessa diferenciação categórica entre centro e periferia. Tal distinção refere-se tão somente a uma constatação racional a respeito de elementos diferenciadores, sem ignorar que sempre poderá haver pontos de confluência, nos quais as características de ambos os segmentos poderão se fazer presentes. Isso, de per si, não inutiliza a distinção "centro/periferia" para fins de análise jurídica e sociológica.

Feita essa ponderação, a qual impõe a cautela de não se utilizar de conceitos peremptórios, o fato é que é possível identificar o lado de cá do pensamento abissal com os países da modernidade central (presumindo, como afirmado, que o observador se encontra nessa posição), caracterizados pela robusta funcionalidade normativa da constituição. Do lado de lá situam-se os demais países, inseridos na modernidade periférica (como é o caso do Brasil), característica que decorre de assimetrias estruturais, inerentes a não implementação efetiva dos direitos fundamentais, cuja tutela, sob a ótica do idealismo constitucional, é intrínseca ao conceito *de constituição*.[5] Nessas sociedades, a índole normativa da ordem constitucional não se realiza plenamente, dando lugar a um círculo (não virtuoso) de movimentação entre o nominalismo e o instrumentalismo constitucional.

No caso brasileiro, há que se ressaltar a índole preponderantemente nominalista da maior parte de suas constituições, cujo conteúdo normativo, em regra, não encontrou ambiente favorável à

---

[3] SANTOS, Boaventura Souza. Op. cit., p. 71.

[4] NEVES, Marcelo. *Constituição e direito na modernidade periférica*: uma abordagem teórica e uma interpretação do caso brasileiro. São Paulo: WMF, 2018. p. 370.

[5] NEVES, Marcelo. Op. cit., p. 61-62.

sua implementação efetiva, resultando em um descompasso dos textos constitucionais para com a realidade vivenciada pela população e pelas instituições. E, para além disso, de ressaltar-se, outrossim, o caráter instrumental dos textos constitucionais vigentes durante os períodos históricos submetidos a regimes totalitários, de modo a assegurar sua utilização com vistas à manutenção do *status quo*, com interpretações e mesmo alterações textuais levadas a efeito de modo oportunista, ao sabor dos interesses dos governantes.

No que toca à Constituição Federal de 1988, podemos afirmar a existência de elementos indicativos de evidente nominalismo. Ocorre que referida carta foi promulgada no período pós-ditadura e, em razão disso, afigura-se natural que tenha contemplado a necessidade de estabelecer um rol de direitos e garantias extenso e casuístico, destinado à provisão de elementos hábeis à prevenção de novos arroubos totalitários. No entanto, decorridos já mais de 30 anos desde sua promulgação, é perfeitamente visível a subsistência de um descompasso entre o texto constitucional e a realidade vivenciada pela população brasileira. Apenas para citar alguns exemplos, as condições desfavoráveis em que (sobre)vive a maior parte das pessoas (sem falar naquelas submetidas a situação de absoluta miséria) demonstram a ausência de efetividade do princípio da dignidade da pessoa humana e dos objetivos inerentes à construção de uma sociedade livre, justa e solidária, à erradicação da pobreza e da marginalização, à redução das desigualdades sociais e regionais, bem como à promoção do bem de todos sem preconceitos e discriminações. Na mesma linha, é perceptível o descompasso da realidade com os direitos e garantias fundamentais preconizados no bojo do texto constitucional. Nesse ponto, não se pode ignorar a existência de crítica à "generosa inclusão de direitos e garantias no texto constitucional", apontada como decorrente de uma "prodigalidade irresponsável da parte dos constituintes", os quais prometeram mais do que poderiam cumprir, dando lugar a expectativas que, na prática, estavam fadadas ao insucesso.[6] E, para além do rol de direitos e garantias fundamentais, subsiste, também, robusta crítica à hipertrofia dos princípios, caracterizando aquilo que se tem denominado como o "pamprincipiologismo em *terrae brasilis*", consistente em uma positivação de valores, "como se o paradigma do Estado Democrático de Direito fosse 'a pedra filosofal da legitimidade principiológica', da qual pudessem

---

[6] MARINONI, Luiz Guilherme; MITIDIERO, Daniel; SARLET, Ingo Wolfgang. *Curso de direito constitucional*. 6. ed. São Paulo: Saraiva, 2017. p. 254.

ser retirados tantos princípios quantos necessários" para a resolução dos problemas que a realidade impõe.[7]

Diante de todas essas considerações, não há como fugir à constatação de que o constitucionalismo brasileiro, na atual quadra, coloca em evidência o posicionamento do país na modernidade periférica, sobretudo diante da ausência de normatividade da constituição. E, imprimindo o mesmo olhar, há que se concluir que "o nosso lado de cá" é, na verdade, "o lado de lá" do pensamento moderno abissal, caracterizado por experiências desperdiçadas e por princípios legais que não se aplicam, com preponderância da apropriação e da violência.[8] Assim, resta a convicção de que o deficiente desenvolvimento jurídico e social do Brasil torna inequívoco seu posicionamento não privilegiado no pensamento abissal, situando-se, sem sombra de dúvida, na modernidade periférica. A isso se acrescenta, como causa e efeito, a insuficiente positividade de seu direito,[9] característica que dificulta um movimento em direção à centralidade.

Feitas tais ponderações, de questionar-se qual sua relevância para a discussão relacionada à corrupção, a resposta não pode ser outra, senão a de que a forma como o Estado percebe esse fenômeno se encontra inexoravelmente relacionada à sua posição na modernidade periférica, caracterizada pela ausência de normatividade da constituição e à inexistência de um ambiente propício à plena concretização dos direitos fundamentais. Para além disso, a essa realidade também se relaciona a forma como o ordenamento constitucional vocaciona e instrumentaliza as instituições públicas para que o problema da corrupção seja equacionado. Assim, as balizas estabelecidas pelo constitucionalismo devem ser sopesadas à luz da constatação de que vivenciamos, nessa modernidade periférica, um nominalismo constitucional que fragiliza a plena efetivação do combate à corrupção, desconstruindo, em um movimento espiral e sistemático, as bases para a plena normatividade da constituição.

É assim que se percebe a dimensão do problema da corrupção no Brasil. O modelo insculpido na Constituição Federal, voltado à prevalência dos valores republicanos, nem sempre se implementará

---

[7] STRECK, Lenio Luiz. *Verdade e consenso*. 6. ed. São Paulo: Saraiva, 2017. p. 555.

[8] SANTOS, Boaventura Souza. Para além do pensamento abissal: das linhas globais a uma ecologia de saberes. *Revista Novos Estudos - CEBRAP*, São Paulo, n. 79, p. 71-94, nov. 2007.

[9] NEVES, Marcelo. *Constituição e direito na modernidade periférica*: uma abordagem teórica e uma interpretação do caso brasileiro. São Paulo: WMF, 2018. p. 65.

1.2 Corrupção e normatividade

Sob o ponto de vista material, o senso comum enseja uma concepção básica a respeito do fenômeno da corrupção. A formação acadêmica, o gênero, a idade, as distinções sociais e econômicas, bem como quaisquer elementos distintivos e próprios das individualidades proporcionam a cada pessoa condições de conformar uma noção genérica a respeito daquilo que entende como tal. Cada indivíduo possui a capacidade de vislumbrar referido fenômeno, atribuindo-lhe um conceito pessoal, ainda que sob a influência das nuances específicas assinaladas por sua individualidade.

Contudo, sob a ótica jurídica, impõe-se o desfazimento de vislumbres pautados pelo senso comum. Afinal, é no campo do direito que a corrupção enseja reações contrárias, consubstanciadas no juízo de repulsa e na aplicação de sanções e medidas acessórias. É necessário, assim, entender por que determinadas práticas são consideradas como indevidas e outras não. É preciso compreender por qual razão X é um ato de corrupção enquanto Y não é. E, de igual modo, é primordial entender por que existe uma punição para aqueles que praticam X e não para os que praticam Y. Para essa elaboração, com efeito, é necessário considerar que a norma deve ser o ponto de partida para a reflexão a respeito do fenômeno da corrupção. Para tanto, assume relevo a teoria normativa do direito, nos termos propostos por Bobbio,[10] concebendo-se o direito como uma experiência normativa, em oposição às teorias da instituição e da relação jurídica. Isso implica reconhecer sua inafastabilidade da ideia de um conjunto de regras de conduta aplicáveis àqueles que delas foram feitos destinatários. E, nesse ponto, há duas características elementares a serem consideradas. A primeira, inerente à origem conformadora da regra, uma vez que, para além das normas jurídicas, existem tantas outras alheias ao campo do direito, como as regras morais, sociais e religiosas.[11] Sem embargo disso, embora seu desrespeito possa ensejar alguma espécie de reprimenda, nenhuma dessas últimas é dotada da coercibilidade inerente e subjacente ao campo da juridicidade. Apenas o direito, assim, possui um fundo legitimador de observância compulsória,

---

[10] BOBBIO, Norberto. *Teoria da norma jurídica*. 6. ed. São Paulo: Edipro, 2016.
[11] BOBBIO, Norberto. Op. cit., p. 25.

convalidado pela possibilidade de emprego da força, quer seja para impor uma obrigação de fazer ou não fazer, quer seja para redundar na subsidiária aplicação de sanção previamente cominada, cumulada ou não com a possibilidade de reparação de eventuais danos ocasionados. Ao lado disso, tem-se a segunda característica, pautada exatamente pela mencionada possibilidade de imposição de ações positivas ou negativas, o que conduz à concepção de que a norma implica, em sua essência, o estabelecimento de preceitos prescritivos de condutas.[12]

Com efeito, invocando-se a teoria normativa do direito como ponto de partida, na concepção empregada por Bobbio, tem-se como ponto de chegada a conclusão de que os comandos direcionados a vedar as práticas corruptivas resultam em verdadeiras experiências normativas, eis que a juridicidade lhes é inerente. Dizer que X é um ato de corrupção implica um juízo de valor qualificado pela normatividade, o que se reforça pela previsão a respeito das consequências jurídicas decorrentes dessa prática. Assim, quando o Estado identifica uma situação que possa ser qualificada como corrupção, o emprego das medidas necessárias à identificação dos responsáveis, à nulificação do ato e à efetivação das consequências que lhe são próprias somente pode ser justificado com base na normatividade do direito e, em específico, com supedâneo no princípio da legalidade.

Sob essa ótica, a teoria dos sistemas de Luhmann,[13] pode ser empregada para melhor compreender a relação entre corrupção e normatividade constitucional. Afinal, na perspectiva luhmanniana, a norma constitucional, "como um caso particular de norma jurídica, representa um tipo de expectativa de comportamento estabilizada em termos contrafáticos".[14] Situando-se, desse modo, no campo do dever-ser, não há expectativa cognitiva em relação à corrupção, no sentido de adaptação à realidade desapontadora. Nesse campo, a expectativa será normativa, caracterizada pela determinação de não aprender com os desapontamentos.[15] Isso caminha em consonância com a concepção de que o direito é definido como a estrutura de um sistema social, baseada na generalização congruente de expectativas normativas de comportamento, não dependendo o preceito prescritivo do assentimento do destinatário para adquirir validade. Para isso, o caráter contrafático torna irrelevante seu cumprimento. Nessa linha, as regras que vedam

---

[12] BOBBIO, Norberto. *Teoria da norma jurídica*. 6. ed. São Paulo: Edipro, 2016. p. 72.

[13] LUHMANN, Niklas. *Sistemas sociais*: esboço de uma teoria geral. Petrópolis: Vozes, 2016.

[14] NEVES, Marcelo. *Constituição e direito na modernidade periférica*: uma abordagem teórica e uma interpretação do caso brasileiro. São Paulo: WMF, 2018. p. 65.

[15] NEVES, Marcelo. Op. cit., p. 23-25.

práticas identificadas com a ideia de corrupção constituem verdadeiro "dever-ser", cuja aplicabilidade possui um fundamento que extrapola o sistema social donde é originada, legitimando sua compulsoriedade na esfera da juridicidade, não sendo imprescindível, assim, que todos os seus destinatários tenham aderido ao seu espírito. É dizer, a normatividade inerente ao combate à corrupção impõe aos agentes públicos em geral e, bem assim, aos particulares que com eles se relacionam, o dever de subtrair de seu agir os elementos que possam justificar um juízo de repulsa e o subsequente implemento sancionatório. Isso é possível porque o fundamento de validade das normas infraconstitucionais voltadas ao combate à corrupção se materializa precisamente na constituição, a qual, no âmbito da teoria dos sistemas (e também da teoria da positivação do direito) integra o sistema jurídico como seu subsistema,[16] constituindo o código constitucional uma representação específica do código jurídico. O sistema que dele se origina, voltado a repelir os atos corruptivos, em última *ratio*, presta deferência ao princípio da inclusão, nos termos propostos por Luhmann, uma vez que favorece a tutela dos direitos fundamentais e, por via oblíqua, enseja condições para a inserção da população em um ambiente propício ao fornecimento das prestações típicas do Estado de bem-estar social.[17] Nesse ponto, evidentemente, é necessário prevenir-se de uma postura cândida a respeito da concreção efetiva de tais prestações, sobretudo na modernidade periférica. Aqui, o pensamento de Bobbio, amolda-se perfeitamente, pois adverte quanto à necessidade de se descer do plano ideal ao real, considerando que falar em direitos novos e mais extensos, ainda que justificando-os de modo convincente, não implica necessariamente em garantir-lhes efetiva proteção, tarefa esta que se torna mais árdua e dificultosa à medida que as próprias pretensões a serem satisfeitas aumentam.[18]

Todos esses apontamentos se aplicam ao esquema constitucional que subsidia o combate à corrupção no Brasil, sendo curial advertir, contudo, que Luhmann,[19] emprega o termo "corrupção", sistemicamente, referindo-se à sobreposição bloqueante de um sistema por outro, sem se referir em específico ao seu sentido estritamente jurídico penal.[20]

---

[16] NEVES, Marcelo. *Constituição e direito na modernidade periférica*: uma abordagem teórica e uma interpretação do caso brasileiro. São Paulo: WMF, 2018. p. 65 e 216.

[17] NEVES, Marcelo. Op. cit., p. 226.

[18] BOBBIO, Norberto. *A era dos direitos*. Rio de Janeiro: Elsevier, 2004. p. 60.

[19] LUHMANN, Niklas. *Teoria dos sistemas na prática*: estrutura social e semântica. Petrópolis: Vozes, 2018.

[20] NEVES, Marcelo. *Constituição e direito na modernidade periférica*: uma abordagem teórica e uma interpretação do caso brasileiro. São Paulo: WMF, 2018. p. 398.

Dito isso, percebe-se que a normatividade da corrupção se alicerça na própria constituição, como subsistema do sistema jurídico. Por óbvio, não trata a letra da Constituição de modo expresso a respeito de referida temática, a qual subjaz implícita no padrão político e jurídico adotado. Assim, ao elencar um extenso rol de direitos fundamentais, percebe-se a opção do sistema constitucional pela tutela dos direitos da personalidade, o que remonta à consagração do princípio da dignidade da pessoa humana como um dos fundamentos da república. Tal princípio assumiu, assim, relevância incontrastável, sobretudo diante de sua estreita vinculação com os direitos humanos e a própria democracia, constituindo, com eles, "eixos estruturantes deste mesmo Estado Constitucional".[21] Nessa linha, a dignidade da pessoa humana se apresenta como princípio estruturante e fundante do Estado Democrático de Direito. E, apesar de não haver referência explícita no texto constitucional a respeito do fenômeno da corrupção, o princípio da dignidade da pessoa humana se afigura como ponto de partida para a normatividade dirigida ao seu combate. Esse princípio constitui-se em verdadeiro valor-fonte, subsidiando o reconhecimento quanto à centralidade do ser humano no âmbito da existência, de modo que não venha ele a se converter em simples objeto de ação, mas sim em destinatário de tantas prestações quantas se afigurem imprescindíveis à satisfação de suas necessidades.

Em compasso com a discussão inerente ao princípio da dignidade da pessoa humana, insere-se o conceito do mínimo existencial. Afinal, a concreção do referido princípio fundante demanda que sejam proporcionadas condições materiais suficientes à sua consecução. O mínimo existencial traz em si a ideia de direitos sem os quais não seria possível "desfrutar de uma vida digna", constituindo-se, assim, em um "conjunto de condições elementares que garantem a dignidade do ser humano".[22] É necessário pontuar, contudo, à vista de tais conceituações, que o mínimo existencial não se confunde com os direitos em si. O mínimo existencial se configura, em verdade, pela manifestação de elementos materiais, cuja disponibilização é imprescindível para assegurar, em sua plenitude, o exercício dos direitos à vida, à saúde, à alimentação, ao

---

[21] MARINONI, Luiz Guilherme; MITIDIERO, Daniel; SARLET, Ingo Wolfgang. *Curso de direito constitucional*. 6. ed. São Paulo: Saraiva, 2017. p. 262.

[22] DA SILVA, Rogério Luiz Nery; MASSON, Daiane Garcia. Direitos sociais e dignidade da pessoa humana: reflexões a partir do conceito de mínimo existencial. In: ALEXY, Robert; BAEZ, Leandro Xavier; DA SILVA, Rogério Luiz Nery (org.). *Dignidade humana, direitos sociais e não-positivismo inclusivo*. Florianópolis: Qualis, 2015. p. 198-200.

transporte, à segurança, à educação, ao trabalho, ao lazer e à moradia, entre outros. Assim, o sistema constitucional brasileiro, ao consagrar o princípio da dignidade da pessoa humana, adotou, em simultâneo, a ideia do mínimo existencial, de modo que o aparato normativo se encontra voltado para sua concreção.

Com efeito, uma vez que a Constituição acolheu o princípio da dignidade da pessoa humana e a garantia do mínimo existencial, pode-se afirmar que o combate à corrupção tem, nesses fundamentos, sua pedra angular. Afinal, nada há de mais danoso do que os efeitos colaterais dessa prática nefasta, em especial por redundar no desvio de recursos necessários à preservação da dignidade das pessoas e à concreção do mínimo existencial. Sobretudo em tempos de escassez de recursos e multiplicação de necessidades, os desvios decorrentes de patologias corruptivas proporcionam um agravamento da situação fiscal. Isso diminui consideravelmente a disponibilidade de recursos para fazer frente às necessidades básicas da população. A corrupção não é, assim, apenas um problema de índole jurídico penal. Mais do que isso, constitui-se ela em um fenômeno capaz de minar a efetividade do sistema constitucional, obstruindo a possibilidade de satisfação plena dos direitos fundamentais. Com menos recursos, a população, em especial a mais carente, sofre os efeitos deletérios da corrupção. Pessoas morrem à espera de vagas em unidades de terapia intensiva, crianças e adolescentes recebem educação de péssima qualidade, trabalhadores sofrem as agruras de um transporte público ineficiente, cidadãos são mortos a caminho do trabalho em decorrência de uma segurança pública precária, apenas para ficar em alguns exemplos. Resta evidente, diante disso, que o sistema constitucional brasileiro abomina a prática da corrupção, uma vez que ela atua em prejuízo do princípio fundante da dignidade da pessoa humana. Assim, a criação e o fortalecimento de instituições voltadas ao seu combate, bem como a concepção e implantação de instrumentos eficazes para essa tarefa, são medidas necessárias para conferir efetiva normatividade à constituição, sobretudo nesta modernidade periférica em que vivemos.

1.3 Instrumentalidade constitucional e do direito público no combate à corrupção

Como já salientado, não contemplou a Constituição a disposição expressamente direcionada ao combate da corrupção. Trata-se, no entanto, de uma prodigalidade apenas aparente, uma vez que o sistema constitucional, em sua essência, estabeleceu balizas que demonstram a clara repulsa a condutas dessa natureza.

O texto constitucional democrático, como visto, descortinou seu primeiro ato alçando o princípio da dignidade da pessoa humana à condição de fundamento do Estado brasileiro. Essa baliza fundante, qualificada como um valor supremo que atrai todos os direitos fundamentais do homem,[23] mostra-se disseminada por toda a extensão da normatividade da Constituição, induzindo à compreensão de que o sistema pátrio também acolheu a garantia do mínimo existencial, cuja presença se constitui em verdadeiro pressuposto para assegurar uma vida digna ao ser humano. Em sequência, em franca reação à possibilidade de novos arroubos autoritários, elegeu-se um amplíssimo plexo de direitos fundamentais, cuja última *ratio* se vincula de forma indissociável ao mencionado princípio fundante. Dada sua relevância, trataremos a respeito desses direitos em capítulo específico. De todo modo, é oportuno mencionar, quanto ao tema, o pensamento de Dworkin, ao traçar uma distinção entre democracia majoritária e democracia constitucional, atribuindo a esta última uma contribuição decisiva para o fortalecimento das instituições democráticas,[24] uma vez que "não se pode cogitar de democracia quando os cidadãos não são vistos como agentes morais, além de igualmente tratados com respeito e consideração".[25] É nessa linha que devem ser compreendidos os direitos fundamentais, "como exigências do ideário democrático".[26]

Assim, resta evidente que o direito constitucional pátrio apresenta as balizas estruturantes para uma ação estatal orientada ao combate das patologias corruptivas, as quais, por sua natureza, possuem aptidão plena para vulnerar o princípio da dignidade da pessoa humana, a garantia do mínimo existencial e, bem assim, todos os demais direitos fundamentais explícita e implicitamente acolhidos pelo modelo vigente.

Para além disso, de modo coerente, o sistema constitucional brasileiro foi instrumentalizado de modo a propiciar a concreção de sua normatividade, encampando um emaranhado de instituições dotadas de garantias e mecanismos hábeis a possibilitar o combate à corrupção. Tal opção resta evidenciada pela estruturação do Poder Judiciário

---

[23] DA SILVA, José Afonso. *Curso de direito constitucional positivo.* 14. ed. São Paulo: Malheiros, 1997. p. 106.

[24] DWORKIN, Ronald. *Freedom's law:* The moral reading of the constitution. Cambridge: Harvard University Press, 1996. p. 17-18.

[25] FUX, Luiz. *Jurisdição constitucional II.* Belo Horizonte: Fórum, 2017. p. 23.

[26] FUX, Luiz. Op. cit., p. 23.

e do Ministério Público, ao atribuir a seus membros as garantias de vitaliciedade, inamovibilidade e irredutibilidade de subsídios, de modo a propiciar-lhes condições para o pleno exercício de sua independência funcional. Não há dúvidas de que um Judiciário e um Ministério Público fortes e independentes são pressupostos indispensáveis à viabilização do combate à corrupção. A isso se soma a clara opção do constituinte originário por conferir ao Ministério Público uma ampliação de suas atribuições para além da esfera criminal, desbordando sua atuação no combate à corrupção também para ações de natureza cível, destinadas à aplicação de sanções civis e administrativas, bem como ao ressarcimento dos danos produzidos. Disso são exemplos, no campo do direito público, com esteio na normatividade constitucional, as ações civis públicas (Lei nº 7.347/85) e de improbidade administrativa (Lei nº 8.429/92).

A isso se adiciona a opção constitucional pelo fortalecimento do controle externo, cuja titularidade compete ao Poder Legislativo, com o auxílio do Tribunal de Contas da União (TCU), instituição autônoma e não subordinada. As competências conferidas a esta Corte possibilitam, ao menos em tese, uma atuação consistente no combate à corrupção, em especial aquelas relacionadas à fiscalização da aplicação de recursos públicos repassados mediante convênios, acordos, ajustes ou instrumentos congêneres, o que pode ocorrer por meio da realização de auditorias, inspeções, acompanhamentos e levantamentos. Isso sem falar nos procedimentos relacionados diretamente ao julgamento das contas prestadas pelos administradores e demais responsáveis por dinheiros, bens e valores públicos, bem como daqueles que derem causa a perda, extravio ou outra irregularidade de que resulte prejuízo ao erário. E, em consonância com a simetria constitucional, restou convalidada a atuação dos tribunais de contas estaduais e municipais, cujos desempenhos também apresentam potencial para contribuir com o combate à corrupção.

A tais instituições vêm somar forças, também nos moldes delineados constitucionalmente, as Comissões Parlamentares de Inquérito, as forças policiais, as procuradorias dos entes federados e, mais recentemente, as próprias estruturas administrativas dos entes públicos, mediante o fortalecimento do controle interno e das atividades de *compliance*.[27]

---

[27] No âmbito da Administração Pública, a atividade de *compliance* tem sido desenvolvida em complemento ao controle interno, visando à verificação permanente da conformidade dos processos de trabalho em relação às exigências legais e regulamentares.

E, para além da estruturação orgânica, pautada pela previsão e fortalecimento de instituições destinadas a combater a corrupção, o padrão constitucional adotado nesta modernidade periférica tem proporcionado a definição de normas processuais que partilham do mesmo desiderato, do que é exemplo a determinação a respeito da imprescritibilidade das ações de ressarcimento ao erário, ao lado da explícita consagração dos princípios da legalidade, impessoalidade, moralidade, publicidade e eficiência, os quais muito podem contribuir com a tarefa de aferir se determinadas condutas comportam a pecha de patologias corruptivas.

Portanto, não obstante o nominalismo constitucional característico da posição do Brasil na modernidade periférica, o fato é que a Constituição de 1988 erigiu-se com base em sólidos fundamentos, os quais proporcionam interessantes meios de combate à corrupção. O nó górdio que se apresenta consiste exatamente em se buscar alternativas para transformar as boas intenções do texto magno em providências hábeis à produção de efeitos concretos.

1.4 Para entender a corrupção

Muito embora seja público e notório seu profundo enraizamento, o problema da corrupção não é exclusividade do Brasil. Constitui-se em uma preocupação global, como se extrai do seguinte excerto:

> Corruption is a major global concern, and there is widespread interest in finding effective ways to fight this problem. The Organisation for Economic Co-Operation and Development (OECD; 201) defines corruption as "the abuse of public or private office for personal gain. It includes acts of bribery, embezzlement, nepotism or state capture. Corruption is often associated with and reinforced by other illegal practices, such as bid rigging, fraud or money laundering".[28]

---

[28] ANSARI, Shaz; CASTRO, Armando. Contextual readiness for institutional work: a study of the fight against corruption in Brazil. Journal of management inquiry, v. 26, 2017. p. 351. "A corrupção é uma grande preocupação global e há um interesse geral em encontrar meios de enfrentar esse problema. A Organização para a Cooperação e Desenvolvimento Econômico (OCDE; 201) define corrupção como 'o abuso de cargos públicos ou privados para ganhos pessoais. Isso inclui atos de suborno, peculato, nepotismo e captura do Estado. A corrupção é frequentemente associada e reforçada por outras práticas ilegais, tais como manipulação de licitações, fraude e lavagem de dinheiro'." (tradução do autor)

Verifica-se, assim, que a nota do ganho pessoal, com abuso do público (vertente que nos interessa, conquanto o fenômeno também ocorra na esfera privada) é característica do problema, o qual, como visto, inclui propinas, desfalques e nepotismo. O ponto interessante é que, segundo a transcrição supra, a corrupção frequentemente se associa a outras ilegalidades, como a fraude em licitações e a lavagem de dinheiro, com consequências perniciosas ao bem comum.

Nessa linha, é importante trazer à tona o estudo do Fundo Monetário Internacional (FMI) que apontou as principais consequências da corrupção:[29] prejuízos estimados, globalmente, entre 1,5 e 2 trilhões de dólares anuais; reflexos negativos no Produto Interno Bruto (PIB) dos países, obstando seu pleno crescimento; efeitos deletérios na arrecadação tributária, com a progressão do déficit fiscal e a diminuição da capacidade de investimento público e da implementação de políticas públicas; desestímulo aos contribuintes quanto ao pagamento de seus tributos; aumento da inflação; desencorajamento ao desenvolvimento econômico e à inclusão; instabilidade do sistema financeiro; aumento da desconfiança do mercado, levando à redução do investimento privado e do acesso ao crédito, bem como ao incremento dos custos de transações comerciais; sufocamento da produtividade e das reformas necessárias ao desenvolvimento; empobrecimento da população; prejuízos ao meio ambiente, com o aumento da poluição; diminuição dos níveis dos indicadores de qualidade de saúde e de educação; ineficiência dos serviços sociais; prejuízos à estabilidade política; e, finalmente, precipitação de conflitos sociais.

Além disso, uma observação interessante e bastante relevante diz respeito aos efeitos da corrupção no que se refere às diferenças de gênero, uma vez que as mulheres acabam sofrendo maiores prejuízos que os homens:

> Women tend to be disproportionately affected by corruption. Women tend to spend more time in unpaid labor, such as caring for sick family members or fetching water, and thus feel the impact of corruption on poor service delivery more acutely (UNIFEM 2008; Chêne, Clench, and Fagan 2010). They are also more likely to be affected when bribes take the form of sexual activity or when corruption precipitates illegal

---

[29] INTERNATIONAL MONETARY FUND – IMF. Fiscal Affairs and Legal Departments. *Corruption*: Costs and mitigating strategies. IMF staff discussion note n. 16/05, May 2016.

practices that affect them more severely, such as human trafficking and prostitution.[30]

Quanto a isso, o fato de as mulheres sofrerem de modo ainda mais contundente os efeitos da corrupção coloca em evidência o aviltamento imposto ao princípio constitucional da igualdade entre as pessoas.

E, não obstante se tratar de um problema global, no caso do Brasil, como já demonstrado, as patologias corruptivas têm se mostrado uma franca realidade, caracterizada por uma lamentável indissociabilidade da história nacional, desde seus primórdios até a presente era, com claros indícios de constante recrudescimento.

Isso é confirmado pelo Ranking de Competitividade 2017/2018, do Fórum Econômico Mundial, que, na lista *ethics and corruption*, apresenta o Brasil na 133ª colocação, dentre 137 países, com um índice de 2.1, em uma escala que vai de um a sete.[31] Salta aos olhos a alarmante situação do país, que apresenta índice idêntico ao de nações menos desenvolvidas, como Chade, República Dominicana e Paraguai, figurando apenas à frente da combalida Venezuela.

Ao lado de tais constatações, resta, ainda, a percepção de que a corrupção no Brasil persiste de forma crônica e sistêmica, mencionando-se, exemplificativamente, por sua relevância, os resultados da "Operação Lava Jato", a qual se desdobrou em diversas fases, revelando como o achaque aos cofres públicos se encontra profundamente entranhado no seio da Administração Pública.

O fato é que os atos de corrupção se estendem por todas as esferas de governo, como um tumor que alcança os entes das Administrações Direta e Indireta da União, dos estados e dos municípios, podendo ser percebidos em todos os escalões.

Vale ressaltar que, como demonstrado no estudo do FMI, acima mencionado, tais desvios não se restringem aos prejuízos pecuniários

---

[30] INTERNATIONAL MONETARY FUND – IMF. Fiscal Affairs and Legal Departments. Corruption: Costs and mitigating strategies. *IMF staff discussion note* n. 16.05, May 2016. p. 13. "As mulheres tendem a ser afetadas pela corrupção de forma desproporcional. Elas gastam mais tempo em trabalho não remunerado, tais como o cuidado de familiares doentes ou a busca por água, e, portanto, sentem o impacto da corrupção na prestação de serviços deficitários de forma mais aguda (UNIFEM 2008; Chêne, Clench, and Fagan, 2010). Elas também são mais suscetíveis de ser afetadas quando os ilícitos assumem a forma de exploração sexual ou quando a corrupção precipita práticas ilegais que as afetam mais severamente, como o tráfico humano e prostituição." (tradução do autor)

[31] FÓRUM ECONÔMICO MUNDIAL. The global competitiveness report 2017-2018. Disponível em: http://reports.weforum.org/global-competitiveness-index-2017-2018. Acesso em: 24 ago. 2018.

provocados aos cofres públicos. Seus efeitos se espraiam para além do horizonte estritamente financeiro, redundando em danos que atingem diretamente a população brasileira, uma vez que os recursos desviados resultam em perdas para a efetivação de políticas públicas essenciais à vida e ao bem-estar da população.

Nessa linha, o alcance praticado por agentes ímprobos tem o condão de frustrar a devida destinação de recursos, por exemplo, aos sistemas públicos de saúde e de educação, resultando na prestação de serviços deficitários, o que desagua em inequívocos prejuízos à vida e à saúde dos pacientes e, também, ao desenvolvimento educacional em todas as faixas etárias.

Os efeitos deletérios da corrupção resultam em um atraso no nível de desenvolvimento humano da população brasileira. Há, com efeito, uma evidente relação entre o fenômeno da corrupção e a eficácia e a credibilidade da gestão pública, com consequências diretas ao desenvolvimento nacional e ao agravamento das desigualdades sociais.[32] Por essa razão, combater a corrupção é medida necessária para se assegurar o implemento dos princípios da República, possibilitando a todos os indivíduos o acesso aos recursos necessários para assegurar uma existência satisfatória, especialmente com vistas à concretização do princípio da dignidade da pessoa humana, alçado à categoria de fundamento da República Federativa do Brasil, nos termos do artigo 1º, inciso III, da Constituição Federal.

Diante disso, o controle sobre os atos praticados pelos agentes públicos e particulares que com eles se relacionam é imprescindível à diagnose, repressão e prevenção dos atos qualificáveis como corrupção. Há que se imprimir efetividade ao controle, implantando-se, assim, uma verdadeira ética de sustentabilidade no trato da coisa pública.[33] Também é importante atentar-se para a multiplicidade de instrumentos que podem ser utilizados para o combate à corrupção, tanto na esfera dos tribunais de contas como na das demais instituições voltadas a esse mister, permitindo, assim, o estabelecimento de um proveitoso diálogo entre elas. Exemplos disso são as Representações e Tomadas de Contas Especiais (as quais serão objeto de apresentação adiante), bem como as competentes ações criminais e de improbidade administrativa, a serem ajuizadas pelos respectivos legitimados, assim como os acordos

---

[32] MARINELA, Fernanda; PAIVA, Fernanda; RAMALHO, Tatiany. *Lei Anticorrupção*: Lei nº 12.846, de 1º de agosto de 2013. São Paulo: Saraiva, 2015. p. 29.

[33] HEINEN, Juliano. *Comentários à Lei Anticorrupção*: Lei nº 12.846/2013. Belo Horizonte: Fórum, 2015. p. 19.

de leniência[34] e as colaborações premiadas.[35] Nesse ponto, o diálogo interinstitucional é importantíssimo, uma vez que possibilita o concerto entre os diversos instrumentos e a multiplicidade de instituições voltadas ao combate da corrupção.

Compreender a corrupção é essencial. Delimitar um conceito é primordial para entender o fenômeno a ser combatido, muito embora se trate de uma tarefa árdua, sobretudo diante da multiplicidade de significados aplicável ao tema.

Nessa linha, dada a amplitude da matéria, a conceituação desse fenômeno deve levar em conta os diversos espectros que se relacionam ao manejo da coisa pública, cuja multiplicidade dificulta o estabelecimento de uma definição precisa. É por tal razão que, ao conceituá-lo, afirma-se que corrupção é:

> (...) palavra polissêmica e fenômeno complexo de difícil conceituação, seja por ser um termo que está sofrendo mutações diárias, por ser globalizado ou por depender da contribuição de outras ciências na sua construção. (...) A dificuldade de identificar a corrupção advém do fato de que o termo corrupção pode abrigar inúmeras condutas, algumas tipificadas em lei, outras não.[36]

Além disso, como advertem Fortini e Motta:

> O conceito técnico-jurídico de corrupção não é universal. Pode-se emprestar, ao sabor da opção política do país, maior ou menor amplitude ao vocábulo, incrementando ou reduzindo a lista do que se poderia

---

[34] "O artigo 16 da LAC estabeleceu que o acordo de leniência, desde que preenchidos determinados requisitos, pode constituir um meio de resolução do processo de responsabilização da pessoa jurídica. Por meio de tal instrumento, a pessoa jurídica cumpriria uma série de obrigações e o Estado, em contrapartida, atenuaria e isentaria a aplicação de determinadas sanções. Nessa concepção, pode-se dizer que o acordo de leniência é uma espécie do gênero transação". (SIMÃO, Valdir Moyses; VIANNA, Marcelo Pontes. *O acordo de leniência na lei anticorrupção*: histórico, desafios e perspectivas. São Paulo: Trevisan, 2017. p. 59.

[35] A colaboração premiada pode ser qualificada como um negócio jurídico processual, representando um acordo de vontades no âmbito da persecução penal, visando à cooperação do imputado para a investigação e a instrução criminal, mediante sanção premial. Nessa linha: BOTTINI, Pierpaolo Cruz; MOURA, Maria Thereza de Assis (Org.). *Colaboração premiada*. São Paulo: Revista dos Tribunais, 2017. p. 156-157.

[36] DIAS, Maria Teresa Fonseca; TORCHIA, Bruno Martins. A necessidade de harmonização das esferas do poder punitivo estatal (administrativa e penal) no combate à corrupção. In: FORTINI, Cristiana (coord.). *Corrupção e seus múltiplos enfoques jurídicos*. Belo Horizonte: Fórum, 2018. p. 208-209.

CAPÍTULO 1
DA CORRUPÇÃO

43

enquadrar como prática corrupta. Práticas consideradas corruptas em dado país podem ser aceitas em outros locais.[37]

Contudo, essa dificuldade de conceituação, agravada pelas diferenças encontradas em cada país, não induz necessariamente à conclusão pela impossibilidade de que tal fenômeno venha a ser devidamente identificado e reprimido. Pelo contrário. Os efeitos deletérios da corrupção atingem a base do sistema republicano, no qual a coisa pública, existente para o benefício da população, deve assumir primazia. De fato, não se pode ignorar que a corrupção tem o condão de minar as estruturas do Estado Democrático de Direito, uma vez que

> (...) deixa a Administração Pública vergada ao peso dos interesses particulares, do tráfico de influência e do apaziguamento de protegidos, causando depauperamento dos dinheiros e bens públicos, em desfavor da sociedade.[38]

É por isso que se afirma, com razão, que "a maior ou menor amplitude que se possa atribuir ao conceito não minimiza os impactos sociais nefastos que sua prática pode provocar".[39]

E, não apenas os efeitos deletérios são importantes para a caracterização da corrupção. Mais do que isso, trata-se de um fenômeno cuja concepção está relacionada à ideia de abuso de poder, desvio de finalidades públicas e utilização de potestades públicas para fins privados.[40]

Tendo em vista essa inequívoca multiplicidade, Miranda aponta distintas maneiras de encarar o fenômeno. Em primeiro lugar, como uma extrapolação das atividades dos agentes estatais, visando à obtenção de vantagens sobre o domínio público. Em segundo, tendo em vista a tipologia, apontam-se a definição legalista (desvio dos deveres formais do cargo em busca de vantagem), a definição de mercado (busca pela maximização da renda) e a definição centrada na ideia de bem público

---

[37] FORTINI, Cristiana; MOTTA, Fabrício. Corrupção nas licitações e contratações públicas: sinais de alerta segundo a Transparência Internacional. *Revista de Direito Administrativo & Constitucional*, Belo Horizonte, ano 16, n. 64, p. 93-113, abr./jun. 2016.

[38] MILESKI, Helio Saul. *O estado contemporâneo e a corrupção*. Belo Horizonte: Fórum, 2015. p. 343.

[39] FORTINI, Cristiana; MOTTA, Fabrício. Corrupção nas licitações e contratações públicas: sinais de alerta segundo a Transparência Internacional. *Revista de Direito Administrativo & Constitucional*, Belo Horizonte, ano 16, n. 64, p. 93-113, abr./jun. 2016.

[40] FURTADO, Lucas Rocha. *Brasil e corrupção*: Análise de casos (inclusive a Lava Jato). Belo Horizonte: Fórum, 2018. p. 33.

(abuso do interesse comum para ganhos particulares). Além disso, o fenômeno pode ser visto com base na ideia de opinião pública, no sentido de que corrupção é aquilo que é identificado como tal pelo sentimento geral da sociedade. E, mais ainda, a semântica do tema induz a uma vinculação às ideias de suborno, nepotismo e peculato,[41] expressões que, ao lado do cunho jurídico, integram o vocábulo do homem médio, indicando a amplitude que o conceito pode assumir.

De todo modo, identificam-se pontos de contato que possibilitam a apresentação de algumas conceituações, como as seguintes:

> A corrupção é o uso de bens, serviços, interesses e/ou poderes públicos para fins privados, de forma ilegal. Dito de outra forma: a corrupção é a interação voluntária de agentes racionais, com base em ordenamento de preferências e restrições, na tentativa de capturar, ilegalmente, recursos de organizações públicas, das quais pelo menos um deles faz parte, sendo as ações propiciadas por ambiente de baixa accountability.[42]

> (...) corrupção é um desvio de conduta, ou seja, quando uma pessoa age com o propósito de obter vantagem ilícita de qualquer natureza, violando os preceitos éticos e legais, em conexão com instituições ou numerário estatal. Trata-se, pois, de uma imoralidade administrativa qualificada. Em termos ainda mais coloquiais, um agente que praticasse um ato de corrupção agiria como se não tivesse pudor. Assim, corrupção consubstanciar-se-ia na desnaturação, ou melhor, na violação dos valores morais – e talvez por isso seja mal grave à Constituição e às instituições públicas.[43]

> (...) a corrupção não é um simples defeito moral, mas sim 'um modo de atuar, um instrumento, uma ferramenta que permite alcançar determinados objetivos de outra maneira inalcançáveis ou mais custosos'. Nesse sentido, a prática corrupta se relaciona a uma decisão racional e, em sua avaliação de custos e benefícios, tem uma eficácia contextual. (...) *corruptio*, em latim, 'é a explosão do âmago de um fruto, em razão de

---

[41] MIRANDA, Luiz Fernando. Unificando os conceitos de corrupção. *Revista Brasileira de Ciência Política*, n. 25. Brasília, jan. abril 2018, p. 237-272.

[42] DO NASCIMENTO, Mellillo Dinis. O controle da corrupção no Brasil e a Lei nº 12.846/2013 – Lei Anticorrupção. *Revista Brasileira de Direito Municipal*. Belo Horizonte, ano 17, n. 60, p. 79-137, abr./jun. 2016.

[43] HEINEN, Juliano. *Comentários à Lei Anticorrupção*: Lei nº 12.846/13. Belo Horizonte: Fórum, 2015. p. 20.

sua podridão interna'. Assim, a corrupção seria 'uma falta que perverte e, por isso, ameaça o regime, porque solapa seus fundamentos.[44]

(...) a corrupção é fenômeno que se constrói à base de uma indevida sobrepujança do privado e individual em detrimento do público e coletivo, pela transgressão de normas de fundo moral que violam a ideia de bom governo, como uma espécie de patologia política.[45]

Por entendermos que os elementos constitutivos da corrupção são o desvio de poder inerente a ente público e a obtenção de vantagem ilícita, cremos que podemos apontar a definição indicativa de corrupção como sendo a conduta de pessoa natural ou jurídica, em conexão a qualquer ente público, destinada a obter, para si ou para outrem, vantagem ilícita de qualquer natureza.[46]

Na mesma linha, a Transparência Internacional, organização não governamental sediada em Berlim, na Alemanha, cujo principal objetivo consiste exatamente no combate à corrupção, apresenta a seguinte visão:

Corruption erodes trust, weakens democracy, hampers economic development and further exacerbates inequality, poverty, social division and the environmental crisis. Exposing corruption and holding the corrupt to account can only happen if we understand the way corruption works and the systems that enable it.
Corruption can take many forms, and can include behaviours like: public servants demanding or taking money or favours in exchange for services; politicians misusing public money or granting public jobs or contracts to their sponsors, friends and families; corporations bribing officials to get lucrative deals.[47]

---

[44] BARCELOS, Júlia Rocha; SILVA, Adriana Campos; STUDART, Paulo Henrique de Mattos. Corrupção e reforma política. In: FORTINI, Cristiana (coord.). *Corrupção e seus múltiplos enfoques jurídicos*. Belo Horizonte: Fórum, 2018. p. 358-359.

[45] FILGUEIRAS, Fernando. A tolerância à corrupção no Brasil: uma antinomia entre normas morais e prática social. *Opinião pública*, Campinas, v. 15, n. 2, nov. 2009.

[46] PETRELLUZZI, Marco Vinicio; RIZEK JÚNIOR, Rubens Naman. *Lei anticorrupção*: origens, comentários e análise da legislação correlata. São Paulo: Saraiva, 2014. p. 20.

[47] TRANSPARENCY INTERNATIONAL. *The global coalition against corruption*. Disponível em: https://www.transparency.org/en/what-is-corruption#. Acesso em: 2 nov. 2020. "A corrupção deteriora a confiança, enfraquece a democracia, dificulta o desenvolvimento econômico e agrava ainda mais a desigualdade, a pobreza, a divisão social e a crise ambiental. Expor a corrupção e responsabilizar o corrupto só pode acontecer se entendermos a forma como a corrupção funciona e os sistemas que a permitem. A corrupção pode assumir muitas formas, incluindo comportamentos, como: servidores públicos que exigem ou recebem dinheiro ou favores em troca de serviços; políticos que fazem uso indevido de dinheiro público ou que concedem cargos públicos ou contratos para seus financiadores, amigos ou famílias; empresas que subornam agentes públicos para obter negócios lucrativos." (tradução do autor)

Outra importante definição é apresentada por Banerjee, Hanna e Sendhil:

> The key point is that corruption involves breaking rules, not just doing something that is unethical or against the collective interest. (...) We define corruption as the breaking of a rule by a bureaucrat (or an elected official) for private gain. This definition includes the most obvious type of corruption—a bureaucrat taking an overt monetary bribe to bend a rule, thereby providing a service to someone that he was not supposed to. However, it would also encompass more nuanced forms of bureaucratic corruption. For example, it would include nepotism, such as if a bureaucrat provided a government contract to a firm owned by her nephew rather than to a firm that ought to win a competitive, open procurement process. This definition would also cover the case of a bureaucrat who "steals time": she may, for example, not show up to work, but still collect her paycheck.[48]

Como se percebe, um ponto comum a todas as tentativas de conceituar a corrupção consiste na valoração negativa quanto à conduta do agente, identificado pela violação não apenas da moral e da virtude, mas também da norma, mediante uma conduta reprovável, com obtenção de indevida vantagem em detrimento do bem público em sentido lato.

Nessa linha, apontando os três tipos principais de abordagem conceitual, Bonifácio demonstra, com precisão, a capilaridade do tema:

> (...) a corrupção é apreendida sob três óticas distintas: 1) como ato infracional, que se opõe ou que transcende as leis e normas oficiais; 2) como um comportamento calculado, que beneficia o corruptor, dadas as oportunidades específicas do contexto em que a ação se insere; e

---

[48] BANERJEE, Abhijit, REMA Hanna, and SENDHIL Mullainathan. 2012. *Corruption*. HKS Faculty Research Working Paper Series RWP12-023, John F. Kennedy School of Government, Cambridge: Harvard University, 2012. "O ponto chave é que a corrupção envolve a violação das regras, não apenas fazendo aquilo que é antiético ou contrário ao interesse coletivo. (...). Nós definimos corrupção como a violação de uma regra por um burocrata (ou um mandatário eleito) visando ao ganho privado. Essa definição inclui o tipo mais óbvio de corrupção – um burocrata recebendo uma propina explícita, para violar uma norma, prestando um serviço a alguém a quem não deveria. No entanto, poderia assumir formas mais sutis de corrupção burocrática. Por exemplo, incluiria nepotismo, como quando um agente público firma um contrato público com uma empresa pertencente a seu sobrinho, em lugar de uma empresa que deveria vencer uma licitação, em um processo aberto e competitivo. Essa definição também alcançaria o caso de uma funcionária que 'rouba tempo': ela pode, por exemplo, não se apresentar ao trabalho e, mesmo assim, receber seu salário." (tradução do autor)

3) como intimamente ligada ao sistema normativo vigente em cada sociedade, respectivamente.[49]

Esses tipos de abordagem permitem imprimir ao conceito de corrupção a ideia de obtenção de vantagem mediante uma ruptura com o ordenamento jurídico, por intermédio de um comportamento desviante. Soma-se a isso a mencionada concepção relacionada à violação da moral e da virtude, inquinando o ato de repulsa social. Nesse sentido:

> Parte dos estudos do campo da Ciência Política sobre corrupção possui abordagens estritamente teóricas, buscando conceituar e definir a natureza e as características do fenômeno. Para Wraith e Simpkins (1963), por exemplo, a corrupção é entendida como uma incapacidade moral de certos cidadãos, algo deplorável e condenável. Já Nye (1967) possui uma concepção relativamente mais legalista do fenômeno, definindo corrupção como um comportamento desviante dos deveres formais da função pública com fins de ganhos monetários ou de *status* privado (para benefício pessoal, familiar ou de grupo próximo). Isso inclui comportamentos como suborno, nepotismo e apropriação de recursos públicos para benefícios privados. Por fim, existem estudos que situam a corrupção mais como um problema de natureza econômica. Autores dessa vertente consideram que o monopólio de ação do governo abre oportunidades para ganhos econômicos excessivos por parte de grupos privados, o chamado *rent seeking*. O trabalho de Rose-Ackerman (1999) indica que a corrupção ocorre na interface dos setores público e privado, de acordo com sistemas de incentivo que permitem aos agentes políticos maximizarem utilidade mediante suborno e propina. Já para Tullock (1967), os agentes buscarão a maior renda possível, dentro ou fora das regras de conduta.[50]

A corrupção se faz presente, assim, quando ocorre um desvio do padrão esperado, com implicações jurídicas e morais, resultando na obtenção de indevida vantagem em detrimento do bem público. Desse modo, o fenômeno pode ser compreendido como um desvio ilícito do interesse público em benefício de interesses privados.[51] Com

---

[49] BONIFÁCIO, Robert; RIBEIRO, Ednaldo. Corrupção e participação política no Brasil: diagnósticos e consequências. *Revista Brasileira de Ciência Política*, n. 20, Brasília, maio/ago. 2016, p. 7-42.

[50] BONIFÁCIO, Robert. A afeição dos cidadãos pelos políticos mal-afamados: identificando os perfis associados à aceitação do "rouba, mas faz" no Brasil. *Opinião Pública*, v. 19, n. 2, Campinas, nov. 2013, p. 320-345.

[51] MILESKI, Helio Saul. *O estado contemporâneo e a corrupção*. Belo Horizonte: Fórum, 2015. p. 355.

efeito, não obstante as dificuldades práticas em se delimitar um conceito preciso, há que se considerar três diferentes aspectos que se destinam à compreensão do tema: o descumprimento de deveres dos servidores públicos, com a ideia de desvio de função pública; a relação entre oferta e demanda e a utilização de meios anormais para a intermediação dos processos econômicos; e, finalmente, a relação entre a conduta e o interesse público.[52]

Do exposto, percebe-se que a corrupção é um fenômeno que ultrapassa as estritas raias do direito, estendendo suas ramificações para outras searas, como a sociologia, a economia, a história, a antropologia e a filosofia. Os impactos provocados na vida humana e, bem assim, o juízo de valor inerente à reprovabilidade de condutas ímprobas, colocam em evidência sua repercussão em todas as esferas da vivência em sociedade.

1.5 Corrupção e direitos fundamentais

Após a análise de noções conceituais relacionadas à corrupção, é importante refletir a respeito dos direitos fundamentais. Afinal, existe uma relação indissociável entre tal rol de direitos e os atos de corrupção, uma vez que estes os vulneram acintosamente. Não bastasse isso, os direitos fundamentais são, também, a gênese do fluxo impulsionador da repulsa natural com que se defronta a prática da corrupção.

Para esse fim, é importante ter em conta, em primeiro lugar, que o ser humano é a razão de existir do Estado. Nenhuma outra finalidade justifica a construção desse ente imaterial, senão a de atender às necessidades dos indivíduos que o compõem. Para além disso, mais do que destinatário, o ser humano representa a própria fonte do Estado, uma vez que apenas o exercício de sua inteligência criativa poderia conceber a ideia referente a uma estrutura de poder que pudesse congregar a sociedade em torno de objetivos comuns.

Se o Estado existe em função do ser humano, resta patente que a utilização de seu aparato se destina a servir às pessoas e não o contrário. É por essa razão que se mostra equivocado afirmar que os cidadãos são súditos do Estado. É fato que essa expressão correspondeu à realidade em tempos passados, especialmente no âmbito de experiências monárquicas e ditatoriais. Contudo, no momento atual, a experiência

---

[52] FURTADO, Lucas Rocha. *As raízes da corrupção no Brasil*: Estudo de casos e lições para o futuro. Belo Horizonte: Fórum, 2015. p. 28.

de valorização do ser humano, reforçada pelos ideais da Revolução Francesa, alçando-o à categoria de elemento central da vida, coloca por terra qualquer ideologia voltada a transformá-lo em súdito daquilo que ele mesmo criou para servi-lo.

Nessa linha, sem ignorar a existência de posicionamentos contrários, defende-se que o Estado é um meio, não um fim em si mesmo. Ele existe em função dos homens e não o contrário, constituindo-se sua estrutura em um meio concebido para a realização das necessidades de seus componentes humanos. Não pode, desse modo, sobrepor-se aos valores das pessoas que a ele estão ligadas, de modo que:

> (...) tudo quanto interessar a uma vida melhor, à ordem social e à civilização dos indivíduos, implicando o seu aperfeiçoamento físico, moral e intelectual, tudo isso constitui bem público, consubstanciando (...) o conjunto dos fins estatais.[53]

Nesse mesmo passo, é de se notar que a centralidade do ser humano é reconhecida pela Declaração Universal dos Direitos Humanos, proclamada pela Organização das Nações Unidas (ONU), no dia 10.12.1.948, por meio da Resolução nº 217A, de sua Assembleia Geral. A casuística dos direitos inerentes à condição humana, ali delineada, atua como elemento indutor da consideração da pessoa natural como agente central da existência, levando ao reconhecimento do Estado como instrumento propiciador de meios para uma vida plena e satisfatória. O próprio preâmbulo daquele documento internacional estabelece o reconhecimento da dignidade inerente a todos os membros da família humana e de seus direitos iguais e inalienáveis, com fundamento na liberdade, na justiça e na paz.

Com efeito, é de se reconhecer que, como instrumento de atendimento às necessidades da população, o Estado somente cumprirá seu desiderato se proporcionar os meios indispensáveis a esse mister. Assim, é imprescindível o emprego de toda sua potência para a realização de prestações que satisfaçam as demandas das pessoas, destacando-se, entre elas, a educação, a saúde, a alimentação, o trabalho, a moradia, o transporte, o lazer, a segurança, a previdência social, a assistência aos desamparados e a proteção à maternidade e à infância, consoante à enumeração dos direitos sociais levada a efeito pelo artigo 6º, da Constituição Federal de 1988. A essência dos direitos sociais se agrega, por óbvio, à própria concepção dos direitos fundamentais, os quais,

---

[53] DE MENEZES, Aderson. *Teoria geral do Estado*. 7. ed. São Paulo: Forense, 1995. p. 62-63.

voltados a ensejar elementos mínimos de respeito à condição humana, também encontram respaldo na estrutura constitucional, revelando-se, desse modo, essenciais ao cumprimento das finalidades últimas do Estado.

É por essa razão que o princípio da dignidade da pessoa humana foi alçado à condição de fundamento da República, conforme disposto no artigo 1º, inciso III, da Carta Constitucional. Como todo fundamento, a dignidade da pessoa humana se constitui, assim, em base, em alicerce sobre o qual deve ser edificada a construção do Estado. A essência desse conceito é evidenciada na afirmação de que toda pessoa é única, nela habitando o todo universal. E esse conceito de "todo universal" insere cada uma delas na ampla concepção da existência humana. Assim, "embora precária a imagem, o que importa é tornar claro que dizer pessoa é dizer singularidade, intencionalidade, liberdade, inovação e transcendência".[54]

O princípio da dignidade da pessoa humana se consubstancia, assim, em um valor jurídico fundamental, o qual encontra assento em bases ético-filosóficas inerentes à própria condição humana, servindo como critério de orientação ao intérprete da Constituição.[55] E, embora alguns assinalem que seu conceito pode variar entre os povos,[56] é irretorquível que, em sua essência, esse princípio possui natureza fundante, constituindo-se em valor supraconstitucional, que antecede a própria formação da Constituição.

A dignidade humana, desse modo, em conjunto com os direitos humanos e a democracia, compõe um dos eixos estruturantes do Estado Constitucional, configurando "um dos esteios nos quais se assenta tanto o direito constitucional quanto o direito internacional dos direitos humanos".[57] Afinal, ao conferir concreção aos direitos humanos, a Constituição e o sistema internacional de direitos humanos nada mais fazem do que reconhecer a dignidade da pessoa humana como um valor anterior, fundante e supranacional.

Diante disso, como afirmado em linhas pregressas, resulta patente que a dignidade da pessoa humana configura um princípio

---

[54] BRANCO, Paulo Gustavo Gonet; COELHO, Inocêncio Mártires; MENDES, Gilmar Ferreira. *Curso de direito constitucional*. São Paulo: Saraiva, 2007. p. 140.

[55] SARLET, Ingo Wolfgang. Anotações. In: CANOTILHO, J. J. Gomes et al. (Org.). *Comentários à constituição do Brasil*. 2. ed. São Paulo: Saraiva, 2018. p. 126.

[56] FERREIRA FILHO, Manoel Gonçalves. *Curso de direito constitucional*. 41. ed. Rio de Janeiro: Forense, 2020. p. 257.

[57] MARINONI, Luiz Guilherme; MITIDIERO, Daniel; SARLET, Ingo Wolfgang. *Curso de direito constitucional*. 6. ed. São Paulo: Saraiva, 2017. p. 262.

estruturante do próprio Estado Democrático de Direito, constituindo-se em valor-fonte indutor do reconhecimento da centralidade do ser humano no âmbito da existência. É por tal razão que se afirma que se trata de "um valor fundamental que se viu convertido em princípio jurídico de estatura constitucional, seja por sua positivação em norma expressa ou por sua aceitação como um mandamento jurídico extraído do sistema",[58] atuando, a um só tempo, como justificação moral e como fundamento normativo dos direitos fundamentais.

Assim, além de elemento basilar, o princípio da dignidade da pessoa atua como elemento de justificação moral para o arcabouço normativo dos direitos fundamentais. Reafirma-se, desse modo, a necessidade de direcionar todo o aparato estatal ao atendimento das necessidades elementares inerentes à condição humana.

Quanto ao tema, bastante elucidativa é a seguinte lição:

> Perante as experiências históricas da aniquilação do ser humano (...) a dignidade da pessoa humana como base da República significa, sem transcendências ou metafísicas, o reconhecimento do *homo noumenon*, ou seja, do indivíduo como limite e fundamento do domínio político da República.[59]

Daí afirmar-se que não deve o homem servir à República, mas sim o contrário, constituindo-a em uma organização política concebida para servi-lo.

Resta evidente, desse modo, que o princípio da dignidade da pessoa humana encontra suas raízes na tradição humanista, para a qual "o ser humano era o elemento natural último, e (...) a base da coletividade consistia em um conceito de vida que podia admitir em si a qualificação de boa vida".[60] Segundo essa concepção, o atendimento das necessidades mínimas para assegurar uma existência digna, compatível com a condição humana, é o que se pode conceituar como a "boa vida". Dessa propiciação dos elementos necessários a uma vida satisfatória decorre o caráter subjetivo e relacional da dignidade da pessoa humana,

---

[58] BARROSO, Luís Roberto. *A dignidade da pessoa humana no direito constitucional contemporâneo*: natureza jurídica, conteúdos mínimos e critérios de aplicação. Disponível para consulta no sítio https://www.luisrobertobarroso.com.br/wp-content/uploads/2010/12/Dignidade_texto-base_11dez2010.pdf. pg. 11. Acesso em: 17 jun. 2020.

[59] CANOTILHO, J. J. Gomes. *Direito constitucional e teoria da constituição*. 7. ed. Coimbra: Almedina, 2020. p. 225.

[60] LUHMANN, Niklas. *Sistemas sociais*. Esboço de uma teoria geral. Tradução de Antônio C. Luz Costa, Roberto Dutra Torres Junior e Marco Antonio dos Santos Casanova. Petrópolis: Vozes, 2016. p. 239.

uma vez que induz a um dever de respeito no âmbito da comunidade dos seres humanos.[61] Por se tratar de um ser social, vive o ser humano em comunidade. E é exatamente no âmbito dessa comunidade de pessoas que suas necessidades elementares devem ser contempladas, possibilitando, assim, a suficiente realização de suas potencialidades, de modo a alcançar uma existência minimamente satisfatória.

Diante disso, percebe-se que, como já salientado, o princípio da dignidade da pessoa se encontra estreitamente relacionado ao conceito do mínimo existencial, uma vez que é necessário assegurar as condições imprescindíveis para se garantir uma existência digna.[62] Desse modo, o mencionado rol de direitos fundamentais contemplado pela Constituição, acrescido dos direitos sociais, encontra-se direcionado exatamente à consecução dos elementos necessários à dignidade das pessoas. Disso decorre a menção expressa dos direitos à vida, à saúde, à alimentação, ao transporte, à segurança, à educação, ao trabalho, ao lazer e à moradia. Essa casuística atende ao ideal de valorização das pessoas naturais, pois visa à consecução de tudo quanto é indispensável à existência do ser humano,[63] impedindo a prática de atos tendentes a privá-lo dos meios necessários à preservação da vida.[64]

Nessa linha, resta claro que os direitos fundamentais atuam para a explicitação e a densificação da dignidade da pessoa humana, visando proporcionar sua efetiva concreção. É por essa razão que se afirma que, adotado o pensamento kantiano de que a dignidade é uma qualidade congênita e inalienável de todos os seres humanos, decorre que os direitos humanos são concebidos como "um conjunto de valores éticos, positivados ou não, que tem por objeto proteger e realizar a dignidade humana em suas dimensões".[65]

---

[61] SARLET, Ingo Wolfgang. *Dignidade da pessoa humana e direitos fundamentais na Constituição Federal de 1988*. 2. ed. Porto Alegre: Livraria do Advogado, 2002. p. 54.

[62] DA SILVA, Rogério Luiz Nery; MASSON, Daiane Garcia. Direitos sociais e dignidade da pessoa humana: reflexões a partir do conceito de mínimo existencial. In: ALEXY, Robert; BAEZ, Leandro Xavier; DA SILVA, Rogério Luiz Nery (org.). *Dignidade humana, direitos sociais e não positivismo inclusivo*. Florianópolis: Qualis, 2015. p. 198-200.

[63] LOCKE, John. *Dois tratados sobre o governo*. Tradução de Julio Fischer. São Paulo: Martin Claret, 1998. p. 381-429.

[64] HOBBES, Thomas. *Leviatã*. Tradução de Rosina D'Angina. São Paulo: Martin Claret, 2014. p. 110-111.

[65] BAEZ, Narciso Leandro Xavier. Morfologia dos direitos fundamentais e os problemas metodológicos da concepção de dignidade humana em Robert Alexy. In: ALEXY, Robert; BAEZ, Leandro Xavier; DA SILVA, Rogério Luiz Nery (org.). *Dignidade humana, direitos sociais e não positivismo inclusivo*. Florianópolis: Qualis, 2015. p. 59-66.

Assim, resta cristalino o vínculo ontológico existente entre a dignidade da pessoa humana, os direitos do homem e os direitos fundamentais. Quanto a esses dois últimos conceitos, há perfeita identificação, subsistindo apenas uma tênue distinção:

> As expressões 'direitos do homem' e 'direitos fundamentais' são frequentemente utilizadas como sinônimas. Segundo a sua origem e significado poderíamos distingui-las da seguinte maneira: direitos do homem são direitos válidos para todos os povos e em todos os tempos (dimensão jusnaturalista-universalista); direitos fundamentais são os direitos do homem, jurídico-institucionalmente garantidos e limitados espacio-temporalmente. Os direitos do homem arrancariam da própria natureza humana e daí o seu carácter inviolável, intemporal e universal; os direitos fundamentais seriam os direitos objectivamente vigentes numa ordem jurídica concreta.[66]

Há, segundo essa concepção, o reconhecimento de que os direitos fundamentais implicam uma "limitação imposta pela soberania popular aos poderes constituídos do Estado",[67] possibilitando a satisfação, ao menos em tese, das necessidades inerentes à condição humana. É por essa razão que Canotilho destaca, em relação aos direitos fundamentais, suas funções de defesa/liberdade, de prestação social, de proteção perante terceiros e de não discriminação.[68]

Na essência, cada uma dessas funções se presta a tutelar os elementos mínimos à existência do ser humano, em plena situação de dignidade. E, acrescente-se, "a Constituição, agora, fundamenta o entendimento de que as categorias de direitos humanos fundamentais, nela previstos, integram-se num todo harmônico, mediante influências recíprocas".[69]

Nas democracias modernas, os direitos fundamentais representam uma realidade imperativa, haja vista sua finalidade assecuratória de condições ao exercício de todas as faculdades inerentes à condição humana. E isso, indefectivelmente, nos leva de volta ao conceito daquilo que se entende como o mínimo existencial.

---

[66] CANOTILHO, J. J. Gomes. *Direito constitucional e teoria da constituição*. 7. ed. Coimbra: Almedina, 2020. p. 393.

[67] DA SILVA, José Afonso. *Curso de direito constitucional positivo*. 14. ed. São Paulo: Malheiros, 1997. p. 177.

[68] CANOTILHO, J. J. Gomes. Op. cit. p. 407-410.

[69] DA SILVA, José Afonso. Op. cit. p. 182.

É assim que o ordenamento jurídico pátrio cuida em tutelar os direitos fundamentais, quer seja explicitando-os no rol do artigo 5º da Constituição, quer seja protegendo os que implicitamente se encontram inseridos no amálgama do sistema instituído. São, desse modo, direitos inerentes e ínsitos à própria condição humana. Nessa linha, pode-se afirmar, inclusive, que o direito natural é uma das fontes de inspiração filosófica dos direitos fundamentais, pois decorrem eles do "reconhecimento de um conjunto de direitos tidos, então, como inerentes à pessoa humana".[70]

Além disso, é importante notar que os direitos fundamentais se revelam mediante uma dupla dimensão. Dessarte, apresentam eles uma dimensão subjetiva, representada pelas posições jurídicas dos indivíduos frente ao Estado e, a um só tempo, também apresentam uma dimensão objetiva, relacionada à sua posição de princípios estruturadores e conformadores do Estado.[71] Essa dupla dimensão torna palpável a existência dos direitos fundamentais como um sistema de valores encampados pelo ordenamento jurídico constitucional, donde extrai sua força normativa. Com efeito, a fundamentalidade desses direitos é decorrência "da sua posição no ápice da estrutura escalonada do ordenamento jurídico, como direitos que vinculam diretamente o legislador, o Poder Executivo e o Judiciário".[72]

Assim, os direitos fundamentais representam "um conjunto de valores objetivos básicos e fins diretivos da ação positiva dos poderes públicos e não apenas garantias negativas (e positivas) dos interesses individuais".[73] Como visto, esse catálogo essencial não se resume à perspectiva subjetiva, espraiando também seus efeitos à atuação positiva dos poderes constituídos. Essa atuação deve atender aos comandos decorrentes do sistema construído com vistas à proteção de tais direitos, não sendo lícito ao Estado ignorá-los, ainda que estejam apenas implícitos no arcabouço normativo. Nessa linha, a atuação administrativa assume feição conformadora, destinada à definição e à própria concretização desses direitos.

---

[70] DA SILVA, José Afonso. *Curso de direito constitucional positivo*. 14. ed. São Paulo: Malheiros, 1997. p. 173.

[71] DA CONCEIÇÃO, Lourivaldo. *Curso de direitos fundamentais*. Campina Grande: EDUEPB, 2016. p. 42.

[72] ALEXY, Robert. *Teoria dos direitos fundamentais*. São Paulo: Malheiros, 2008. p. 520.

[73] SARLET, Ingo Wolfgang. Notas introdutórias ao sistema constitucional de direitos e deveres fundamentais. In: CANOTILHO, J. J. Gomes et al. (Org.). *Comentários à constituição do Brasil*. 2. ed. São Paulo: Saraiva, 2018. p. 187.

Nesse mesmo passo, é esperado que o catálogo de direitos fundamentais se mostre em harmonia com o edifício constitucional erigido, de modo que seus influxos não resultem em situações de contradição e incoerência. O intérprete deve estar atento a essa realidade, de modo que a atividade hermenêutica não venha a prescindir do pressuposto de que cada direito fundamental explicitado se relaciona com os demais, agindo e reagindo, sem, contudo, deixar de integrar um sistema, o qual deve permanecer coeso e coerente.

O que se percebe, ante a análise do sistema constitucional brasileiro, é que seu aparato normativo realmente se encontra voltado para a concreção do mínimo existencial. Quanto a isso, basta ver que a Constituição considera invioláveis os direitos à vida, à liberdade, à igualdade, à segurança e à propriedade (artigo 5º, *caput*). E, mais do que isso, a existência desses direitos é imune a eventuais alterações constitucionais, uma vez que as referidas disposições foram alçadas à condição de cláusulas pétreas (artigo 60, § 4º, inciso IV).

É por essa razão que se afirma que o combate à corrupção tem sua pedra angular nos direitos fundamentais e, mais diretamente, no princípio da dignidade da pessoa humana e na garantia do mínimo existencial. Afinal, os atos de corrupção redundam na diminuição da disponibilidade de recursos para fazer frente às necessidades da população, o que se afigura ainda mais grave quando considerada sua escassez, em contraposição à constante multiplicação das necessidades.

Desse modo, a única conclusão possível é a de que a corrupção, mais do que um problema de índole penal, é um fenômeno capaz de minar a efetividade do sistema constitucional, turbando a possibilidade de satisfação dos direitos fundamentais. Os atos de corrupção não apenas depauperam o erário, mas também infligem à população males que colocam em risco o mínimo existencial. Afinal, como reiteradamente destacamos, os desvios praticados subtraem recursos necessários para assegurar a prestação de serviços primordiais, em especial nas áreas da saúde, segurança, educação, previdência, transporte e moradia.

Portanto, em consonância com o que se afirmou por ocasião da referência ao nominalismo constitucional próprio da modernidade periférica em que está situado o Brasil, resta reforçada a constatação de que o sistema constitucional repele com veemência a prática da corrupção, tendo em vista que ela tem o condão de confrontar o princípio fundante da dignidade da pessoa humana e, em simultâneo, todos os direitos fundamentais dele decorrentes. Disso resulta a importância do aprimoramento das medidas destinadas a combatê-la, bem como do fortalecimento e da instrumentalização de instituições públicas voltadas a essa atividade.

Diante disso tudo, conclui-se que tentar conceituar corrupção é tarefa hercúlea, a qual jamais poderá ser satisfeita a contento, haja vista seu imensurável campo de repercussão. Trata-se de um mal que assola todos os países, muito embora haja distintas visões a seu respeito. Isso é revelador de que se corromper é algo ínsito à natureza humana, característica que somente pode ser afastada quando os espíritos se fazem impregnar de valores e princípios elevados, especialmente no que toca ao respeito ao próximo.

No entanto, com base na análise referente à sua normatividade, bem como à estreita relação com os direitos fundamentais, é importante eleger um conceito para a corrupção, ainda que se o faça de forma consciente quanto às limitações e imperfeições naturalmente esperadas. Nessa linha, com base em todo o exposto, ciosos de sua natural incompletude, construímos o seguinte conceito: corrupção é o fenômeno social, político e jurídico que representa o desrespeito à ética, à moral e/ou à norma, mediante a submissão do bem público (*lato sensu*) ao interesse particular, via de regra com a obtenção de vantagem indevida, acarretando a vulneração direta ou indireta dos direitos fundamentais, mediante prejuízo, ainda que potencial, à capacidade do Estado para a realização das prestações devidas à população. Uma vez adotada essa visão, afigura-se inescapável a busca por elementos hábeis ao enfrentamento desse mal, donde exsurge a figura da atividade de controle. É sobre ela que nos debruçaremos nas linhas seguintes.

CAPÍTULO 2

DA ATIVIDADE DE CONTROLE

2.1 Elementos conceituais a respeito do controle

Como afirmamos anteriormente, o modelo constitucional vigente primou pela construção de um amplíssimo edifício institucional voltado ao combate da corrupção, fundado no pressuposto de seus efeitos deletérios para o atendimento às necessidades indispensáveis da população. De nada adiantaria a Constituição cuidar de elencar um rol de direitos fundamentais sem, na outra ponta, assegurar os meios necessários à sua tutela. E, para tanto, além dos princípios que servem de balizamento à proteção desse arcabouço garantidor, conceberam instituições moldadas para exercer controle sobre a coisa pública em sentido lato. E é exatamente aqui que comparece o tribunal de contas, como importante ator do combate à corrupção, funcionando como mecanismo essencial para o exercício da atividade de controle. Desse modo, afigura-se imprescindível compreender o que vem a ser essa relevante atividade.

No vernáculo, a expressão "controle" possui um significado claramente tripartite, relacionando-se à condução, à direção e à fiscalização de processos, condutas e atividades. No primeiro caso, controlar algo implica agir diretamente sobre um objeto, influindo em sua inércia (movimentação) e sentido (vertical e horizontal). É o que acontece quando um motorista conduz o automóvel ou o ascensorista opera o elevador, típicos exemplos de ações de controle. Mediante intervenção física, tanto o motorista quanto o ascensorista controlam o processo de movimento dos mecanismos operados. Estão no controle e assim agem mediante contato físico e direto, provocando um espelhamento de seu próprio elemento volitivo no âmbito do movimento dos objetos controlados. Observa-se, outrossim, que o controle também pode ser refletido na não produção de qualquer movimento. O que importa, para a caracterização do controle, é a possibilidade, o potencial de influir na movimentação ou não do objeto. Assim, não se pode negar que o motorista tenha o controle do veículo quando, acionando seus freios, faz com que ele permaneça paralisado. Outro exemplo típico dessa espécie de controle é a gestão mental do movimento corporal, por meio da qual cada ser humano comanda os processos de contração e distensão muscular. Desse modo, a não ser por uma falha em algum elemento desse intrincado sistema que constitui o corpo humano, resta evidente que as pessoas, em geral, exercem domínio sobre seus próprios movimentos, reforçando a noção de controle que impregna este primeiro significado, qual seja o de conduzir, diretamente, a gestão de determinados processos.

De outro lado, em um sentido diferente, falar em controle implica referir-se a uma atividade de direção. E, muito embora se possa falar que, no primeiro exemplo mencionado, o motorista tenha a direção do veículo, essa segunda percepção assume um viés diferenciado, voltando-se para uma intervenção que, sob a ótica material, possui feição abstrata, incidindo sobre a ação de terceiros. É o caso, por exemplo, do pai ou da mãe que exerce direção sobre os filhos, produzindo ordens a serem obedecidas, ou do gerente de uma empresa, que comanda o modo de agir de seus subordinados. Não há, nesse caso, uma atuação direta do controlador sobre o controlado, inexistindo interação de ordem física. Existe, isto sim, uma cadeia de comando, estabelecida com suporte em uma relação de subordinação, mediante determinações que são transmitidas pelo controlador ao controlado, de modo a orientar seu comportamento e suas ações. Dessa forma, o controlador dirige as atividades de pessoas que, por alguma razão, possuem dever de obediência. Controlar, nesse caso, é dirigir a ação de terceiros, mediante comandos explícitos (ou até mesmo implícitos) que não demandam o emprego de um esforço físico sobre seu destinatário.

Seguindo adiante, ao lado de controle como condução e como direção, apresenta também o controle como fiscalização. Não se trata, sob esse ponto de vista, de uma atividade incidente fisicamente sobre o ente controlado, com potencialidade para influir em sua inércia (condução), tampouco de um ato destinado a comandar ações em uma relação de subordinação (direção). Diferentemente, trata-se de uma atividade de observação, verificação e auditoria, visando à constatação quanto ao alinhamento de processos, condutas e atividades a um modelo adrede estabelecido e de observância compulsória. É o caso, por exemplo, do controle interno de uma companhia, ao qual incumbe verificar se os processos de trabalho são compatíveis com as normas estabelecidas, ou, ainda, da atividade dos tribunais de contas, os quais atuam para a verificação quanto à legalidade, legitimidade e economicidade das atividades desempenhadas pelos entes que lhes são jurisdicionados. O controlador, nesse conceito, não atua fisicamente sobre o objeto controlado, nem comanda suas ações. Ele não assume a direção da atividade, de modo que, segundo essa concepção, sua atuação não se sobrepõe à atividade do ente controlado. Seu mister é observar, verificar e auditar a atividade realizada, avaliando sua conformidade com o modelo aplicável, o que poderá levar a desdobramentos relacionados a uma atuação orientativa ou mandamental. E essa ação, ainda que coercitiva, não alterará o significado do controle, uma vez que o direcionamento de ações não decorrerá de uma relação hierárquica entre controlador e controlado. Tanto é assim que, no exemplo dos tribunais de contas, jamais se poderá afirmar que eles exercem direção sobre os entes jurisdicionados, haja vista a inexistência de hierarquia entre eles. Contudo, com base na juridicidade de suas decisões, serão elas de observância obrigatória, a não ser nas hipóteses em que estiverem qualificadas como simplesmente pedagógicas e não vinculantes.

Desse modo, estabelecida a distinção entre os diferentes vieses que podem impregnar a atividade de controle, importa notar que o presente trabalho se refere à sua conceituação como atividade de fiscalização de processos, condutas e atividades, isto é, de observância, verificação e auditoria. Nessa linha, é esclarecedora a seguinte lição: "Controle, em tema de administração pública, é a faculdade de vigilância, orientação e correção que um Poder, órgão ou autoridade exerce sobre a conduta funcional de outro".[74] Salienta-se, em acréscimo, que, no caso dos entes controladores, não se trata apenas de uma faculdade, caracterizando-se, isto sim, como um verdadeiro poder-dever. É disso que se trata quando se fala em controle da Administração, nos moldes definidos pela Constituição Federal e pela legislação infraconstitucional. E, como tal, a concepção de controle se encontra sob o campo de influência dos paradigmas constitucionais, vinculando-se aos princípios basilares do ordenamento jurídico estabelecido.

---

[74] MEIRELLES, Hely Lopes. *Direito administrativo brasileiro*. 25. ed. São Paulo: Malheiros, 2000. p. 610.

2.2 A natureza autorreferencial e a autopoiese do controle

Exatamente por se vincular aos princípios basilares do estrato jurídico positivo, afirma-se que o sistema de controle é autorreferencial, fundado em autopoiese (uma vez que sua organização lógica propicia a estrutura que cria para si mesma). É, assim, um sistema que se retroalimenta, tendo em vista que a necessidade de controle é reforçada pelo próprio ato de controlar. Quando se exerce o controle, a constatação de irregularidades e seu saneamento atuam como condutores do aprimoramento da gestão pública, o que, por sua vez, demanda o incremento da própria atividade controladora, ensejando, assim, um evento cíclico, perene e que não se esgota. Explica-se, dessa forma, a natureza autorreferencial do controle. Afinal, ele tem a capacidade de produzir relações consigo mesmo.[75] Quanto maior a atuação do controle, maiores serão os reflexos produzidos no universo controlado, resultando na necessidade de incremento da própria ação controladora.

O controle, como se percebe, não é uma atividade cuja realização leva ao seu próprio exaurimento. Pelo contrário. Trata-se de uma atividade que, como afirmamos, se retroalimenta. É por isso que ele é autorreferente, uma vez que seu exercício, ao produzir uma alteração da realidade controlada, reforça a necessidade de sua própria continuidade, ainda que em outros patamares e sob bases diversas.

A autorreferência é clara quando se utiliza o exemplo do controle sobre licitações. Quando o tribunal de contas fiscaliza o instrumento editalício, a eventual constatação de irregularidades pode levar a determinações orientadas ao respectivo saneamento. O monitoramento quanto à concreção das respectivas retificações poderá ensejar o conhecimento a respeito de eventuais inconsistências daquele processo de trabalho e, também, em outros (como a subsequente fiscalização quanto à execução contratual), de modo que a atuação do controle se retroalimentará de seus próprios resultados, propiciando o aprimoramento e o possível redesenho dos modelos por si mesmo empregados. O controle, desse modo, possui evidente natureza autorreferencial.

Não bastasse isso, além de autorreferente, como já mencionado, o controle se caracteriza também como um sistema autopoiético. O significado de autopoiese se prende à autoprodução, isto é, à reprodução de subsistemas em um movimento recíproco, por intermédio de seus

---

[75] LUHMANN, Niklas. *Sistemas sociais*: esboço de uma teoria geral. Petrópolis: Vozes, 2016. p. 30.

próprios componentes. A conexão ontológica com a autorreferência é, assim, inequívoca. O controle é, portanto, autopoiético na medida em que se constitui em um subsistema do sistema social,[76] alimentando-o e dele também se alimentando, o que também ocorre em relação ao sistema jurídico. Assim, subsiste uma integração do sistema de controle como um elemento adjacente ao sistema jurídico, o qual, por sua vez, se encontra vinculado ao espectro ainda mais amplo do sistema social, decorrendo deste último o legítimo fundamento inerente à fiscalização da coisa pública.

O sistema de controle, assim, não pode ser visto isoladamente, como uma unidade, mas sim como o elemento indissociável da pluralidade integrada pelos sistemas jurídico e social, produzindo reflexos em sua esfera de influência e, a um só tempo, sofrendo, também, a reverberação da influência destes.

É por isso que, como um sistema, a unidade da atividade de controle somente pode ser produzida autopoieticamente, uma vez que "não há nenhuma possibilidade de ver a unidade na pluralidade, de sintetizar o múltiplo, de reduzir a complexidade à unidade e de regular por meio daí articulações".[77]

O controle assim, é um sistema plural, que se retroalimenta com base em seu próprio exercício, comunicando-se e articulando-se com os demais sistemas (social e jurídico), implicando uma preordenação imposta aos entes públicos, com vistas à concreção do dever de boa administração, o qual, segundo Freitas, se concretiza mediante uma atuação eficiente, eficaz, proporcional, transparente, imparcial e responsável.[78]

2.3 Espécies de controle

No referencial teórico aplicável a esse subsistema denominado controle, verifica-se a existência de diversas ordens de classificação. Essa diversidade parece natural, haja vista a amplitude do espectro de atuação da atividade controladora.

---

[76] NEVES, Marcelo. *Constituição e direito na modernidade periférica:* uma abordagem teórica e uma interpretação do caso brasileiro. São Paulo: WMF, 2018. p. 42.

[77] LUHMANN, Niklas. *Sistemas sociais:* esboço de uma teoria geral. Petrópolis: Vozes, 2016. p. 546.

[78] FREITAS, Juarez. *Discricionariedade administrativa e o direito fundamental à boa administração pública.* 2. ed. São Paulo: Malheiros, 2009. p. 22.

Nessa linha, *a priori*, o controle pode ser classificado quanto ao aspecto (legalidade, mérito e boa administração), quanto ao momento (prévio, concomitante e sucessivo), quanto à amplitude (sobre ato e sobre atividade) e quanto ao modo (de ofício, por provocação e compulsório).[79]

Pode ser classificado, também, quanto ao ente controlado (pessoas ou atividades), quanto ao agente controlador (administrativo, parlamentar, jurisdicional, social, via *Ombudsman* ou órgão autônomo), quanto à incidência temporal (contínuo/permanente ou descontínuo/não permanente) e, finalmente, quanto aos aspectos da atuação controlada (de legalidade, de mérito, de gestão, de eficiência, de eficácia, de economicidade, contábil-financeiro e estratégico).[80]

Saliente-se que, dado o enfoque da presente análise, não se está a tratar do controle hierárquico, exercido internamente e pautado por vínculo de subordinação no âmbito da Administração. E, quanto à distinção entre o controle interno e o externo, por sua relevância, será levada a efeito mais adiante.

Visto isso, em um primeiro momento é importante proceder-se ao estudo do controle levando em conta a classificação inerente ao momento em que for realizado. Quanto a essa perspectiva, o controle poderá ser prévio, concomitante ou subsequente ao processo fiscalizado, conceito que não se restringe à ótica procedimental, mas à generalidade de atos praticados no âmbito de atuação do ente fiscalizado.

O controle prévio é aquele que se exerce de antemão, visando à prevenção de danos e à correção de fragilidades mesmo antes da prática do processo controlado. Pressupõe, assim, uma ação preliminar e antecedente, condicionando a legitimação daquele processo. Se, por um lado, isso é salutar, haja vista a possibilidade de elidir irregularidades em seu nascedouro, de outro, pode se constituir como empecilho à atuação do agente controlado, inviabilizando a tomada de decisões tempestivas em seu âmbito de atuação.

Diferentemente, o controle concomitante atua durante a execução do processo controlado. Existe, nesse caso, uma correspondência temporal entre as atuações do controlador e do controlado. Há, com efeito, a possibilidade de uma atuação eficaz, uma vez que eventuais desvios podem ser corrigidos antes da finalização do processo fiscalizado, mitigando-se, assim, o risco de prejuízos irreparáveis ou de

---

[79] MEDAUAR, Odete. *Direito administrativo moderno*. 20. ed. São Paulo: Revista dos Tribunais, 2016. p. 444.

[80] MEDAUAR, Odete. *Controle da administração pública*. 3. ed. São Paulo: Revista dos Tribunais, 2014. p. 35.

difícil reparação. De todo modo, esse tipo de controle demanda a utilização de instrumentos viabilizadores de uma efetiva comunicação interinstitucional, sendo imprescindível que o controlador tenha acesso simultâneo a todos os processos de trabalho executados pelo agente controlado. Demanda-se, assim, um elemento estrutural mais robusto do que aquele necessário para um controle simplesmente antecedente, no qual não se mostram necessárias as notas da contemporaneidade e da atualidade.

Já o controle subsequente é aquele realizado *a posteriori*, isto é, em momento ulterior à realização do processo fiscalizado. Nesse tipo, o agente controlado goza de maior liberdade de atuação, uma vez que a legitimação de sua atividade não se funda em uma atuação prévia ou concomitante do agente controlador, decorrendo tão somente de sua regular competência para tal, o que contribui para uma atuação mais célere, ágil e eficaz. Porém, os riscos inerentes à realização da atividade são majorados, uma vez que a atuação *a posteriori* do controle poderá redundar em uma ação ineficiente sob a ótica dos resultados. Subsistirá a possibilidade de que eventuais danos, decorrentes de irregularidades existentes no nascedouro ou na execução do processo fiscalizado, sejam irreparáveis ou de difícil reparação. E isso não apenas porque determinados atos poderão ser irreversíveis, mas também ante a possibilidade da superveniência de eventos processuais específicos, como a decadência e a prescrição.

Outro critério de classificação se relaciona à natureza dos entes controladores. Tem-se, nesse caso, os controles político, jurisdicional e administrativo.

O controle político é aquele exercido especificamente no relacionamento entre os Poderes do Estado. Há, nesse caso, uma atuação relacional, pautada pela possibilidade de interferência recíproca, a qual, no entanto, não poderá ser irrestrita e arbitrária. Tendo em vista o disposto no artigo 2º, da Constituição de 1988, é imprescindível o respeito à harmonia e à independência dos Poderes (o mesmo se aplica ao controle jurisdicional). Em virtude disso, o exercício do controle político se encontra limitado pelas raias do ordenamento jurídico constitucional, sujeitando-se, por extensão, à revisão pela via do controle judicial, sobretudo quando verificados eventuais desvios ou excessos.

De todo modo, uma vez respeitadas as balizas postas, é salutar o exercício do controle político, cuja relevância se escora na ideia de freios e contrapesos (*checks and balances*), entranhada nos modelos constitucionais modernos e fundada na concepção de que é necessário "dar a um poder, por assim dizer, um lastro, para pô-lo em condições de resistir a um outro".[81] É assim que incumbe ao Congresso Nacional o exercício do controle sobre a atividade contábil, financeira, orçamentária, operacional e patrimonial da União e das entidades da Administração Direta e Indireta, quanto à legalidade, legitimidade, economicidade, aplicação das subvenções e renúncia de receitas (artigo 70, *caput*, da Constituição Federal). Também cabe ao Poder Legislativo sustar os atos normativos do Poder Executivo que exorbitem do poder regulamentar ou dos limites de delegação legislativa, julgar anualmente as contas prestadas pelo Presidente da República, apreciar os relatórios sobre a execução dos planos de governo, bem como fiscalizar e controlar, diretamente, ou por qualquer de suas Casas, os atos do Poder Executivo, incluídos os da Administração Indireta (artigo 49, incisos V, IX e X, da Constituição Federal). Na outra ponta, dentro desse sistema de freios e contrapesos, subsiste a possibilidade de controle por parte do Poder Executivo sobre determinados atos do Legislativo, do que é exemplo trivial o poder de veto sobre projetos de lei (artigo 66, § 1º, da Constituição Federal).

Tem-se, com efeito, clara a natureza política desse controle recíproco exercido entre os Poderes. Não se pode ignorar, para além disso, que tanto os poderes Executivo quanto o Legislativo ainda exercem controle político sobre o Poder Judiciário, como no caso da escolha e sabatina de ministros para os tribunais superiores. Ressalte-se, contudo, que a atividade fim do Judiciário é imune a qualquer forma de controle por parte dos demais Poderes, assegurando-se, assim, uma atuação imparcial e independente, propiciadora de decisões qualificadas pela nota da definitividade inerente ao conceito de coisa julgada.

De outro lado, ainda tendo em vista a natureza do agente controlador, apresenta-se o controle jurisdicional, já mencionado, como aquele que está sob o encargo do Poder Judiciário. No exercício de seu múnus constitucional, incumbe a esse Poder a aplicação da jurisdição, qualificada como o poder-dever de aplicar o direito objetivo aos casos concretos que lhe são apresentados, visando à solução das lides (pretensões resistidas). O princípio da indeclinabilidade ou irrenunciabilidade da jurisdição, insculpido no artigo 5º, inciso XXXV, da Constituição Federal, estabelece que a lei não excluirá da apreciação do Poder Judiciário lesão ou ameaça a direito. Assim, é ampla e irrestrita a possibilidade de atuação desse Poder, não se podendo subtrair de sua esfera de atuação quaisquer demandas. Isso somente poderá ocorrer

---

[81] MONTESQUIEU. *O espírito das leis.* Tradução: Pedro Vieira Mota. 3. ed. São Paulo: Saraiva, 1994. p. 134.

quando a própria Constituição assim o estabelecer, como no caso do § 1º, do artigo 217, segundo o qual o Poder Judiciário só admitirá ações relativas à disciplina e às competições desportivas após esgotarem-se as instâncias da justiça desportiva. Sem embargo disso, de um modo geral, repele-se a ideia da instância administrativa de curso forçado, sendo imperativo que todos tenham acesso direto e incondicional à tutela jurisdicional. Naturalmente, tendo em vista o princípio da inércia da jurisdição, o controle por parte dessa esfera de poder demanda a iniciativa das partes interessadas, não podendo ocorrer *ex officio*. Para tanto, diversos instrumentos são colocados à disposição dos interessados, como as ações individuais, o mandado de segurança individual e o coletivo, o *habeas corpus*, o *habeas data*, a ação civil pública e a ação popular. É importante anotar que o controle jurisdicional assume considerável importância no sistema pátrio, haja vista não apenas seu amplíssimo alcance, mas também a característica de definitividade que traveste as respectivas deliberações, as quais não se sujeitam a revisão por parte de qualquer outra esfera de poder.

Finalmente, ainda no que toca ao organismo controlador, tem-se o controle administrativo. Este, exercido no âmbito da Administração Pública, visa à constatação de irregularidades e à prevenção/correção de desvios, assegurando que os processos controlados se adequem ao parâmetro adrede estabelecido. Diferentemente do controle jurisdicional, dotado de definitividade, o controle administrativo é exercido pela própria Administração e é suscetível de revisão pelo Poder Judiciário.

É necessário salientar, no entanto, que, a depender da natureza do órgão controlador, poderá haver alguma restrição quanto à amplitude da revisão judicial. É o caso dos tribunais de contas, aos quais a Constituição Federal confere explicitamente a competência para julgar as contas dos administradores e demais responsáveis por dinheiros, bens e valores públicos das administrações Direta e Indireta, incluídas as fundações e sociedades instituídas e mantidas pelo Poder Público, bem como as contas daqueles que derem causa a perda, extravio ou outra irregularidade de que resulte prejuízo ao erário público (artigo 71, inciso II, c/c artigo 75, *caput*). No caso, tendo em vista que se trata de competência expressamente atribuída a órgão de deliberação, o entendimento predominante é no sentido de que o Poder Judiciário não poderá revisar o mérito de suas decisões, sob pena de usurpação de atribuições. Nesse particular, a atuação do Judiciário (diga-se, no exercício do controle jurisdicional), deve se orientar pela verificação tão somente da conformidade formal. Poderá, com efeito, anular uma decisão da Corte de Contas por desrespeito aos princípios da ampla defesa, do contraditório ou do devido processo legal. Contudo, por óbvio, não poderá passar ao exame do mérito e julgar as contas do gestor público, cabendo-lhe devolver o caso à reapreciação do tribunal de contas, órgão incumbido constitucionalmente dessa competência.[82] É dizer, dado o assento constitucional das competências conferidas à Corte de Contas, a extensão de eventuais deliberações judiciais jamais poderá suplantá-las.

É importante notar que, não obstante o exemplo mencionado, a respeito do controle exercido pelos tribunais de contas (os quais serão tratados com maior vagar adiante), o controle administrativo não se restringe a tais instituições, alcançando todas as esferas da Administração. É assim que se afirma que o controle administrativo *stricto sensu* é exercido no âmbito da União, dos Estados, do Distrito Federal e dos municípios, tanto pela Administração Direta quanto pela Indireta. Nessa esteira, cada órgão público exerce controle administrativo sobre seus próprios atos ou de terceiros, sendo imperativa a observância, para esse mister, das atribuições conferidas por lei. E é exatamente no âmbito do controle administrativo que tem aplicação a Súmula nº 473, do Supremo Tribunal Federal, a qual estabelece que:

> A administração pode anular seus próprios atos, quando eivados de vícios que os tornam ilegais, porque deles não se originam direitos; ou revogá-los, por motivo de conveniência ou oportunidade, respeitados os direitos adquiridos, e ressalvada, em todos os casos, a apreciação judicial.

O controle administrativo é, dessarte, aquele exercido pela Administração, visando à anulação, revogação ou correção de seus próprios atos ou, ainda, dentro da esfera de competências do órgão controlador, a correção de atos de terceiros, bem como a aplicação de sanções previamente prescritas em lei.

Vencida essa etapa, impõe-se a menção a outra forma de classificação, desta feita com base no tipo de controle. Sob essa ótica, o controle poderá ser de legalidade, de legitimidade e de economicidade.

O controle de legalidade tem espeque no princípio de mesmo nome, estampado no artigo 37, *caput*, da Constituição Federal. Visa, assim, a apurar a adesão da atividade controlada aos ditames da legislação em vigor, uma vez que "em razão do princípio da legalidade administrativa, toda atividade administrativa se sujeita à lei e, em

---

[82] FERNANDES, Jorge Ulisses Jacoby. *Tribunais de contas do Brasil*: jurisdição e competência. 2. ed. Belo Horizonte: Fórum, 2005. p. 127.

consequência, ao controle de legalidade".[83] O ato ilegal, como ressaltado pela Súmula 473, do Supremo Tribunal Federal, é nulo, não produzindo efeitos jurídicos. Nesse sentido, colhe-se a seguinte lição:

> La violation du principe de légalité entraîne des conséquences importantes; l'acte administratif irrégulier est en principe nul; (...). Toutefois, la nullité qui atteint l'acte irrégulier présente des caractères spécifiques qui la distinguent de la nullité des actes relevant du droit privé; certaines irrégularités apparaissent, en outre, si graves qu'elles font l'objet d'une sanction renforcée. (...) On conçoit qu'en droit privé les nullités qui peuvent atteindre les actes juridiques soient principalement des nullités relatives; ceci s'explique parce que les règles qui s'imposent au respect des individus dans leurs rapports réciproques sont principalement destinées à protéger des intérêts particuliers; seuls les individus protégés par la règle peuvent se prévaloir de sa violation pour en demander la sanction. Au contraire, les règles de droit public sont édictées dans l'intérêt général; elles sont pour la plupart d'ordre public; leur violation conduit nécessairement à reconnaître la nullité absolue des actes qui les méconnaissent.[84]

A importância do controle de legalidade é, desse modo, revelada pela natureza pública dos atos controlados. Afinal, como ressaltado por Rousset, diferentemente do direito privado, no qual, via de regra, prevalece o interesse individual, de natureza disponível, no campo do direito público as normas são editadas tendo em vista o interesse geral, razão pela qual sua violação acarreta a nulidade absoluta dos atos praticados. Diante disso, o controle de legalidade é primordial

---

[83] FURTADO, Lucas Rocha. *Curso de direito administrativo*. Belo Horizonte: Fórum, 2007. p. 1061.

[84] ROUSSET, Michel; ROUSSET, Olivier. *Droit administratif*: L'action administrative. 2. ed. Grenoble: Presses Universitaires de Grenoble, 2004. p. 77. "A violação do princípio da legalidade produz consequências importantes; o ato administrativo irregular é, em princípio, nulo; (...). No entanto, a nulidade que afeta o ato irregular possui características específicas que a distinguem da nulidade dos atos de direito privado; aliás, certas irregularidades parecem tão graves que são objeto de uma sanção reforçada. (...). Entende-se que no direito privado as nulidades que podem afetar os atos jurídicos são principalmente nulidades relativas; isso ocorre porque as regras que impõem o respeito aos indivíduos em suas relações recíprocas são principalmente destinadas a proteger interesses particulares; somente os indivíduos protegidos pela norma podem se valer de sua violação para demandar uma sanção. Pelo contrário, as regras de direito público são editadas no interesse geral; são principalmente de ordem pública; sua violação conduz necessariamente ao reconhecimento da nulidade absoluta dos atos que as desrespeitam." (tradução do autor)

para o reconhecimento da nulidade dos atos que venham a contrariar o ordenamento jurídico positivo.

Quanto ao controle de legitimidade, distingue-se pela amplitude, não se encontrando estritamente vinculado à análise da compatibilidade com a lei. Implica, na verdade, na elaboração de um juízo de valor a respeito de elementos alheios à simples adesão à lei, como a finalidade e a motivação do ato controlado. É por isso que se afirma que o controle de legitimidade "ultrapassa a simples verificação das formalidades legais e dos requisitos materiais dos atos de gestão, envolvendo os valores e crenças de uma determinada sociedade em determinado momento".[85] Há, aqui, uma análise que se escora em fundamentos de moralidade em um amplo sentido, ultrapassando as raias da legalidade e alcançando uma valoração pautada por princípios, beirando uma apreciação de mérito.[86] Um ato praticado com desvio de finalidade, por exemplo, poderá ser objeto de controle, ainda que não seja revestido de explícita ilegalidade. A incidência do controle, desse modo, ultrapassa as balizas estritas de análise pura e simples da aderência do ato à letra da lei, alcançando uma verificação quanto à sua conformação com o sistema jurídico em seu sentido *lato*. É por isso que Moreira Neto trata da fiscalização da legitimidade como um "controle finalístico em macroescala do agir administrativo e não mais na microescala de ato por ato".[87]

Essa espécie de controle, desse modo, mostra-se em absoluta consonância com o Direito Administrativo contemporâneo, pautado pelo anseio de se buscar uma Administração voltada à concreção efetiva dos interesses da coletividade e não apenas à simples satisfação do texto da lei, primando, assim, pela legitimidade, pela eficiência e pela supremacia da ordem jurídica. Nessa linha:

> (...) tudo indica que esse novo Direito Administrativo, que surge enriquecido e expandido, não é mais o do Estado de Direito, em que lhe bastava a legalidade e a eficácia, e reinava soberano o princípio da supremacia do interesse público. Esse, é o Direito Administrativo do Estado Democrático de Direito, em que, além da legalidade, se demanda legitimidade, além da eficácia se exige eficiência e nele se

---

[85] LIMA, Luiz Henrique. *Controle Externo*. Rio de Janeiro: Elsevier, 2007. p. 29.

[86] CARVALHO FILHO, José dos Santos. *Manual de direito administrativo*. 17. ed. Rio de Janeiro: Lumens Iuris, 2007. p. 859-860.

[87] MOREIRA NETO, Diogo de Figueiredo. Novos horizontes para o direito administrativo pelo controle das políticas públicas. *Revista de Direito da Procuradoria Geral*, Rio de Janeiro, n. 62, p. 56-63, 2007.

afirma indisputável, sobre quaisquer outras prelazias, o princípio da supremacia da ordem jurídica."[88]

Além disso, não menos relevante é o controle de economicidade. O Tribunal de Contas da União o conceitua como "a minimização dos custos dos recursos utilizados na consecução de uma atividade, sem comprometimento dos padrões de qualidade".[89] Economicidade é, assim, a obtenção do melhor resultado ao menor custo possível.

Trata-se a economicidade, desse modo, de uma avaliação de natureza qualitativa e quantitativa, focada na relação custo-benefício da atividade fiscalizada. Implica "verificar se o órgão procedeu, na aplicação da despesa pública, de modo mais econômico".[90] Uma atividade será antieconômica, assim, quando seu custo superar os benefícios que ela entrega à sociedade. E, com maior razão, será antieconômica, também, aquela atividade que não propiciar qualquer benefício à comunidade. O dispêndio de recursos públicos (financeiros ou não) deve produzir alguma utilidade aos seus destinatários, sendo que tal resultado deve ocorrer de forma proporcional. E, não apenas isso, mas a análise da economicidade visa, também, a "averiguar se não há desperdício no uso do dinheiro público".[91] Tudo isso coloca em evidência a necessidade e a importância do controle de economicidade.

Finalmente, sem a pretensão de exaurir o amplo leque de classificações existentes, é importante mencionar aquela que considera a posição do órgão controlador em relação ao agente controlado. Assim, o controle poderá ser interno ou externo.

O controle interno é aquele exercido por elemento entranhado na intimidade estrutural do órgão controlado. Assim, visando a conferir segurança à atuação do gestor, o controle interno procede uma avaliação da legalidade, legitimidade e economicidade dos atos praticados, com o escopo de alertar a respectiva instância quanto à necessidade de eventuais correções e adequações.

---

[88] MOREIRA NETO, Diogo de Figueiredo. Uma nova administração pública. *Revista de Direito Administrativo*. Rio de Janeiro, n. 220, p. 179-182, Abr.jun. 2000.

[89] TRIBUNAL DE CONTAS DA UNIÃO. *Manual de auditoria operacional*. 3. ed. Brasília: Secretaria de Fiscalização e Avaliação de Programas de Governo (Seprog), 2010. p. 11.

[90] DI PIETRO, Maria Sylvia Zanella. *Direito administrativo*. 16. ed. São Paulo: Atlas, 2003. p. 614.

[91] SCAFF, Fernando Facury; SCAFF, Luma Cavaleiro de Macedo. Da fiscalização contábil, financeira e orçamentária. In: CANOTILHO, J. J. Gomes et al. (Org.) *Comentários à Constituição do Brasil*. 2. ed. São Paulo: Saraiva, 2018. p. 1254.

Tal sua relevância, o artigo 74, da Constituição Federal, estabeleceu que os poderes Legislativo, Executivo e Judiciário devem manter, de forma integrada, sistema de controle interno, com a incumbência de avaliar o cumprimento das metas previstas no plano plurianual, a execução dos programas de governo e dos orçamentos, comprovar a legalidade e avaliar os resultados, quanto à eficácia e eficiência, da gestão orçamentária, financeira e patrimonial nos órgãos e entidades da administração, exercer o controle das operações de crédito, avais e garantias, bem como dos direitos e haveres públicos e, finalmente, apoiar o controle externo no exercício de sua missão institucional. Estabelece o § 1º que, sob pena de responsabilidade solidária, os responsáveis pelo controle interno têm o dever de dar ciência ao tribunal de contas a respeito das irregularidades ou ilegalidades de que tiverem conhecimento. Assim, cada órgão da administração deve contar com um sistema de controle interno em sua estrutura, de modo que suas ações se sujeitem à devida fiscalização.

Quanto ao controle externo, trata-se daquele exercido por órgão alheio à intimidade estrutural da instância controlada.[92] É o que se verifica na atuação do Congresso Nacional, o qual, por força do artigo 70, *caput*, da Constituição Federal, tem a incumbência de exercer o controle externo sobre os atos da Administração Pública Federal, particularmente no que toca às fiscalizações contábil, financeira, orçamentária, operacional e patrimonial da União e das entidades da Administração Direta e Indireta, quanto à legalidade, legitimidade, economicidade, aplicação das subvenções e renúncia de receitas.

O titular da atividade de controle, primordialmente, é o Congresso Nacional. Isso se deve ao fato de sua composição representar a vontade da maioria da população (na Câmara) e dos estados (no Senado), sendo "típico do regime republicano que o povo, titular da soberania, busque saber como os seus mandatários gerem a riqueza do País".[93]

Dentro do modelo federativo, no âmbito dos estados, as respectivas Constituições atribuem essa incumbência ao Poder Legislativo Estadual, em simetria ao modelo federal. Desse modo, as assembleias legislativas detêm a titularidade do controle externo e, como tais, devem atuar na fiscalização de todas as demais unidades administrativas, quer sejam aquelas vinculadas ao Poder Executivo ou integrantes do Poder Judiciário.

---

[92] GASPARINI, Diogenes. *Direito administrativo*. 9. ed. São Paulo: Saraiva, 2004. p. 791.

[93] BRANCO, Paulo Gustavo Gonet; COELHO, Inocêncio Mártires; MENDES, Gilmar Ferreira. *Curso de direito constitucional*. São Paulo: Saraiva, 2007. p. 810.

Desse modo, ante todo o quadro delineado, resta evidente que o controle se encontra estreitamente vinculado à execução de todas as atividades administrativas. Assim, nada mais natural do que voltar os olhos à sua importância. É o que se fará no próximo capítulo.

2.4 A importância do controle administrativo

A atividade de controle, como demonstrado, pode ser considerada um dos marcos que caracteriza o regime democrático e o respeito ao princípio da igualdade. Nessa linha, controle e igualdade são institutos indissociáveis. Afinal, é da essência da democracia a consagração desse princípio, de modo que todos os cidadãos venham a partilhar de posições idênticas em seu relacionamento com o poder público, inclusive na possibilidade de acompanhar e sindicar a realização de suas atividades.

Nesse ponto, é interessante anotar que, ao questionar a existência do direito à liberdade, Dworkin atribui à igualdade um sentido forte de direito, não podendo haver qualquer competição entre ambos.[94] Se a liberdade é um valor importante em uma democracia republicana (sem adentrar na discussão filosófica referente à existência efetiva desse direito), a observância do princípio da igualdade, mais do que isso, constitui o fundamento sobre o qual se erige o próprio edifício social. Não haverá democracia e República em um Estado onde os cidadãos sejam tratados sem isonomia. É por tal razão que se afirma, também, a ligação clássica do controle com as noções de República e de Estado de Direito, para as quais é imprescindível "a criação de instrumentos que assegurem que as ações empreendidas estejam em sintonia com o interesse público, tanto em termos de planejamento, como de execução".[95]

Tem-se, assim, a indispensabilidade do moderno conceito de *accountability*, o qual deve permear todas as esferas da Administração, propiciando um controle que ultrapasse a simples checagem de dados, de modo a "dar a conhecer o que se conseguiu e de justificar aquilo em que se falhou".[96] Assim, sob o império do princípio da igualdade, jamais foi tão atual falar em controle como um instrumento amplo e imprescindível à viabilização da tutela da coisa pública.

---

[94] DWORKIN, Ronald. *Levando os direitos a sério*. Tradução de Nelson Boeira. 3. ed. São Paulo: WMF Martins Fontes, 2020. p. 415.

[95] ALTOUNIAN, Cláudio Sarian; NARDES, João Augusto Ribeiro; VIEIRA, Luis Afonso Gomes. *Governança pública*: o desafio do Brasil. Belo Horizonte: Fórum, 2018.

[96] PAIVA, Maristela. *Impactos da gestão estratégica no trabalho da Secretaria de Controle Interno da Câmara dos Deputados*. Monografia. Escola da Advocacia-Geral da União, Brasília, 2009.

Essa afirmação decorre do fato de que o princípio da igualdade atua como indutor da legitimação do controle sobre os atos do Poder Público, uma vez que possibilita aos cidadãos o conhecimento quanto à legalidade, legitimidade e economicidade dos atos praticados. Nessa linha, uma vez que o Estado se utiliza de recursos oriundos de seus nacionais para cumprir o papel de propiciador das condições necessárias à subsistência coletiva, é curial que se lhe atribua o dever de prestar contas de toda a atividade desenvolvida, assegurando-se, assim, uma atuação impessoal, transparente e dotada de equidade.

Disso resulta a relevância do desenho institucional traçado no Brasil, com vistas a possibilitar que toda a atividade desempenhada pelo Estado possa ser auditada por entidades concebidas para esse fim. Daí a relevância da atividade de controle, cujo paradigma é o de influenciar o processo decisório, visando ao seu aprimoramento em prol da sociedade,[97] realizado, como já visto, por órgãos integrantes da própria estrutura fiscalizada (controle interno) ou por instituições alheias à sua intimidade estrutural (controle externo). O controle, desse modo, apresenta-se como "exigência e condição do regime democrático", verdadeiro instrumento da cidadania.[98]

Diante disso, pode-se afirmar que a importância do controle administrativo decorre do fato de tratar de um conjunto de atos de fiscalização e correção, que pode redundar em medidas pedagógicas e punitivas, destinando-se à extinção ou à regularização dos atos praticados pela Administração Pública.[99] Saliente-se, como foi dito, que o referencial teórico analisado ora aponta sua conceituação de forma restrita ao Poder Executivo, incidindo sobre suas próprias atividades, "visando mantê-las dentro da lei, segundo as necessidades do serviço e as exigências técnicas e econômicas de sua realização",[100] ora a estende aos órgãos administrativos dos Poderes Legislativo e Judiciário, "para o fim de confirmar, rever ou alterar condutas internas, tendo em vista aspectos de legalidade ou de conveniência para a Administração".[101]

---

[97] FERNANDES, Jorge Ulisses Jacoby. *Tribunais de contas do Brasil*: jurisdição e competência. 2. ed. Belo Horizonte: Fórum, 2005. p. 33.

[98] LIMA, Luiz Henrique. *Controle Externo*. Rio de Janeiro: Elsevier, 2007. p. 08.

[99] DOS REIS, Jair Teixeira. Controle externo da administração pública na constituição federal. *Revista de Direito da Faculdade Guanambi*. v. 4, n. 2, julho-dezembro 2017.

[100] MEIRELLES, Hely Lopes. *Direito administrativo brasileiro*. 25. ed. São Paulo: Malheiros, 2000. p. 614.

[101] CARVALHO FILHO, José dos Santos. *Manual de direito administrativo*. 17. ed. Rio de Janeiro: Lumens Iuris, 2007. p. 814.

Por mais amplo[102] e consentâneo com a realidade administrativa, este último é o conceito que se mostra mais adequado, açambarcando "os setores de Administração dos demais poderes",[103] pois amplifica o controle sobre todos os atos produzidos na seara pública, independentemente de sua fonte.

Nesse sentir, remata-se com a constatação de que o controle assume feição de pressuposto do princípio republicano, ao assegurar que os atos da Administração sejam conduzidos em conformidade com os requisitos de legalidade, legitimidade e economicidade. De outro lado, a ausência de controle, além de favorecer a corrupção, coloca em xeque o princípio da igualdade, pois enseja um tratamento desigual aos destinatários dos serviços do Estado, vez que, em última instância, possibilitará que alguns "eleitos" sejam colocados em situação privilegiada em detrimento da maioria. E, em uma sociedade que se pretende plural e equânime, não há nada menos republicano do que a primazia da desigualdade.

2.5 O exercício do controle externo

Como visto, no âmbito federal, o titular do controle externo é o Congresso Nacional e este o exerce com o auxílio do Tribunal de Contas da União, nos termos do artigo 71, *caput*, da Constituição democrática. Por simetria, conforme estipulado pelo artigo 75, *caput*, isso se aplica aos tribunais de contas com jurisdição sobre os demais entes da federação (estados, Distrito Federal e municípios).

Assim, o Poder Legislativo se vale da expertise e da estrutura dos tribunais de contas para levar a cabo o exercício do controle externo. É por essa razão que tais tribunais são usualmente nominados eles próprios como órgãos de controle externo, muito embora seja o Parlamento, oficialmente, o legítimo titular de tal atividade. Quanto a esse ponto, é importante ressaltar que os tribunais de contas, de fato, exercem o controle externo, sendo que a experiência empírica tem demonstrado que, não obstante a letra da Constituição, acaba existindo uma espécie de cotitularidade com o Poder Legislativo.

É importante notar que o Tribunal de Contas da União foi concebido nos albores da República, por ocasião do Decreto nº 966-A,

---

[102] DI PIETRO, Maria Sylvia Zanella di Pietro. *Direito administrativo*. 16. ed. São Paulo: Atlas, 2003. p. 600.

[103] GASPARINI, Diogenes. *Direito administrativo*. 9. ed. São Paulo: Saraiva, 2004. p. 792.

de 7 de novembro de 1890, com ulterior acolhida no seio da Carta Constitucional de 1891. Àquela época, levou-se em conta a necessidade de se instituir um corpo de magistratura intermediária à legislatura e à administração, provido de garantias destinadas a assegurar uma posição autônoma, valendo-se, para tanto, do modelo adotado na França.[104] Um vislumbre do Tribunal de Contas francês na atualidade (*Cour des Comptes*) permite verificar que essa similaridade institucional continua existindo. A esse respeito, basta ver o texto do artigo 47-2, da Constituição da República Francesa, cujo teor é o seguinte:

> La Cour des comptes assiste le Parlement dans le contrôle de l'action du Gouvernement. Elle assiste le Parlement et le Gouvernement dans le contrôle de l'exécution des lois de finances et de l'application des lois de financement de la sécurité sociale ainsi que dans l'évaluation des politiques publiques. Par ses rapports publics, elle contribue à l'information des citoyens. Les comptes des administrations publiques sont réguliers et sincères. Ils donnent une image fidèle du résultat de leur gestion, de leur patrimoine et de leur situation financière.[105]

No desenho francês, portanto, o tribunal de contas auxilia o Parlamento no controle das ações governamentais, particularmente quanto à execução das leis de finanças e de previdência, cabendo-lhe, também, a importante tarefa de avaliação das políticas públicas. A importância dessa instituição é reforçada pelo seguinte excerto:

> Les institutions supérieures de contrôle, jouent un rôle clé dans les systèmes démocratiques en étant les garants de la bonne gestion publique et de la qualité de l'information financière diffusée. Elles sont partie prenante du système de gouvernance des États, et leur actions de contrôle permettent une prise de décision éclairée, renforcent et crédibilisent l'information diffusée et enfin responsabilisent et légitiment les décideurs qui doivent rendre compte de leur gestion. Leur rôle

---

[104] DA SILVA, Moacir Marques. *Controle externo das contas públicas*: os processos nos Tribunais de Contas do Brasil. São Paulo: Atlas, 2014. p. 7.

[105] *Texte intégral de la Constitution du 4 octobre 1958 en vigueur.* Disponível em: https://www. conseil-constitutionnel.fr/le-bloc-de-constitutionnalite/texte-integral-de-la-constitution-du-4-octobre-1958-en-vigueur. Acesso em: 26 maio, 2022. "O Tribunal de Contas auxilia o Parlamento no controle das ações do Governo. Ele colabora com o Parlamento e o Governo mediante o controle da execução das leis financeiras e da aplicação das leis de financiamento da seguridade social, assim como na avaliação das políticas públicas. Através de seus relatórios públicos, ele contribui para a informação dos cidadãos. As contas das administração pública são regulares e fidedignas. Eles dão uma imagem real do resultado da gestão, do patrimônio e da sua situação financeira." (tradução do autor)

CAPÍTULO 2
DA ATIVIDADE DE CONTROLE | 75

consiste à communiquer au Parlement mais également aux citoyens les résultats de leurs différentes évaluations sur la gestion publique. Elles permettent ainsi um suivi et le contrôle ex post des dépenses publiques faisant ressortir les déficiences et proposant des pistes d'amélioration.[106]

Resulta patente, assim, a configuração do tribunal de contas como fiador da boa gestão pública e da qualidade da informação financeira, cabendo-lhe o monitoramento da despesa pública, de modo a destacar suas deficiências e contribuir com propostas de melhorias.

Essa mesma concepção, saliente-se, é preconizada por diversas nações da Europa continental, com destaque para o Tribunal de Contas português, considerado uma instituição essencial para a boa gestão pública:

> A ideia de boa administração subjacente ao Estado garantidor convoca a mobilização de novos instrumentos de gestão pública (incluindo instrumentos de financiamento) e postula uma evolução do controlo financeiro público.
>
> Nas palavras de Gomes Canotilho, 'a fiscalização financeira deve tomar consciência dos momentos estruturantes da nova formação da estatalidade', pelo que a ideia de Estado garantidor faz apelo a uma análise integrada de um conjunto de problemas (político-constitucionais e jurídico-financeiros), 'onde o Tribunal de Contas desempenha um relevantíssimo papel'.[107]

Tal é o desenho traçado no Brasil, o qual restou consolidado no seio da Constituição de 1988. Foi assim que o legislador constituinte concebeu o Tribunal de Contas da União nos moldes atualmente conhecidos, sendo integrado por nove Ministros, com sede no Distrito Federal, quadro próprio de pessoal e jurisdição em todo o território

---

[106] PORTAL, Marine. *La politique qualité de la certification des comptes publics*: Le cas de la Cour des comptes. Gestion et management. Poitiers: Université de Poitiers, 2009. p. 29. "As instituições superiores de controle desempenham um papel fundamental nos sistemas democráticos, como garantidoras da boa gestão pública e da qualidade da informação financeira divulgada. Elas são parte do sistema de governança do Estado e suas ações de controle permitem a tomada de decisões informadas, reforçam e dão credibilidade às informações divulgadas e, por fim, responsabilizam e legitimam os tomadores de decisão, os quais devem prestar contas de sua gestão. O seu papel é comunicar ao Parlamento, mas também aos cidadãos, os resultados de suas diversas avaliações da gestão pública. Elas permitem, assim, um acompanhamento e controle posterior da despesa pública, evidenciando as deficiências e propondo os caminhos de aprimoramento." (tradução do autor)

[107] DA COSTA, Paulo Jorge Nogueira. *O Tribunal de Contas e a boa governança*: Contributo para uma reforma do controlo financeiro externo em Portugal. Coimbra: Universidade de Coimbra, 2012. p. 176.

nacional (artigo 73, *caput*). A um só tempo lhe foram atribuídas diversas competências, conforme acima mencionado, todas elas destinadas a possibilitar o exercício da atividade de controle externo em sua plenitude, em consonância com sua relevância institucional e imprescindibilidade para a boa gestão pública, nos mesmos moldes da visão empregada na França e em Portugal.

É importante mencionar, em acréscimo, que o auxílio prestado ao Congresso Nacional não implica subordinação hierárquica, uma vez que referido tribunal se constitui em instituição autônoma, cabendo-lhe a eleição de seus órgãos diretivos, a elaboração de seus regimentos internos, a organização de seus serviços e o provimento de seus quadros de pessoal. Embora o modelo estabelecido pareça inserir o tribunal de contas na estrutura do Poder Legislativo, o que se justifica, dada a relação umbilical estabelecida com o Parlamento, o fato é que se trata de um órgão autônomo, independente e não subordinado. Dentro da estrutura do Estado, portanto, o Tribunal de Contas acaba assumindo posição similar à do Ministério Público, o qual também se qualifica como órgão autônomo e independente.

Esse modelo foi replicado no âmbito das Cortes de Contas estaduais e municipais, tendo em vista a simetria preconizada pelo artigo 75, *caput*, da Constituição Federal. Desse modo, incumbe às Assembleias Legislativas a titularidade do controle externo no que toca à atividade dos respectivos estados. Quanto aos municípios, essa atribuição é conferida às respectivas câmaras municipais. Em ambos os casos, os tribunais de contas estaduais prestam o necessário auxílio, exercendo competências similares àquelas atribuídas ao Tribunal de Contas da União.

Deve-se ressalvar que, diferentemente do que ocorre no restante do país, existem tribunais de contas dos municípios nos Estados de Goiás, da Bahia e do Pará, os quais são órgãos estaduais responsáveis pela fiscalização das contas municipais. Nesses três entes, portanto, o Tribunal de Contas do Estado (TCE) se ocupa da atividade de controle sobre a atividade financeira da Administração estadual, enquanto os municípios se encontram sob a jurisdição do Tribunal de Contas dos Municípios (TCM), o qual atua em conjunto com as respectivas câmaras municipais. Nos demais estados, por consequência, o Tribunal de Contas do Estado acumula o exercício do controle sobre a Administração estadual e a Administração de cada um de seus municípios.

Outra exceção se verifica nas capitais dos estados de São Paulo e do Rio de Janeiro, que possuem tribunais municipais para o controle de suas contas. Vale ressaltar a distinção existente entre essas duas

Cortes de Contas, denominadas Tribunal de Contas do Município, e aquelas três acima referidas, as quais recebem a denominação de Tribunal de Contas "dos Municípios". As primeiras, de natureza municipal, integrantes da estrutura dos municípios de São Paulo e do Rio de Janeiro, com competência limitada ao exercício do controle externo sobre tais municipalidades. As demais, de natureza estadual, integrantes da estrutura dos estados de Goiás, da Bahia e do Pará, com competência sobre todos os municípios pertencentes a tais entes. De anotar-se, contudo, que o artigo 31, § 4º, da Constituição Federal, proibiu a criação de novos tribunais municipais, o que não obsta a criação de tribunais estaduais, como é o caso do Tribunal de Contas dos Municípios.

Visto isso, o fato é que, diante do quadro institucional delineado pelo legislador constituinte, resta patente que, ao conferir concreção à atividade de controle, funcionam os tribunais de contas como importantes garantes do sistema jurídico constitucional. Afinal, o controle se direciona à preservação e ao equilíbrio das instituições democráticas,[108] assegurando os primados da República e da igualdade entre os cidadãos. Desse modo, vem a lume a importância de tais instituições, voltadas à fiscalização da correta gestão da coisa pública, com vistas a se evitar indesejáveis desvios e desvirtuamentos da atividade administrativa.

---

[108] CARVALHO FILHO, José dos Santos. *Manual de direito administrativo*. 17. ed. Rio de Janeiro: Lumen Juris, 2017. p. 807.

CAPÍTULO 3

O TRIBUNAL DE CONTAS NO ENFRENTAMENTO À CORRUPÇÃO

3.1 Dos tribunais de contas

O reconhecimento quanto à importância do sistema dos tribunais de contas para o exercício da atividade de controle, o que os alça à posição de instituições essenciais à preservação dos valores republicanos, conduz à necessidade de um melhor conhecimento a respeito de seu funcionamento. Para tanto, afigura-se oportuno centrar a atenção no Tribunal de Contas da União, uma vez que se trata de instituição paradigmática. Encontrando assento cativo no bojo da Constituição de 1988, a Corte de Contas federal funciona como modelo padrão da conformação a ser adotada pelos demais tribunais de contas, de modo que a perfeita compreensão a respeito de seu modo de atuar permite entender, *mutatis mutandi*, o que acontece nos demais entes da Federação. Desse modo, conhecer o Tribunal de Contas da União é como voltar os olhos para um espelho, onde se vê refletida a imagem dos demais tribunais de contas, ressalvadas as pequenas distinções que as peculiaridades locais podem ensejar. É primordial, desse modo, conhecer sua base legislativa, suas competências e os instrumentos de que dispõe para o exercício da atividade de controle.

Como já assinalado, a criação do Tribunal de Contas da União remonta à gênese da República, originando-se do Decreto nº 966-A, de 7 de novembro de 1890. O acolhimento dessa instituição no seio das Constituições republicanas prosseguiu até a edição da Carta Magna de 1988, tendo perpassado e resistido mesmo aos mais duros períodos de exceção do regime democrático. Nos termos do artigo 73, da Constituição

Federal, seus nove ministros são nomeados dentre brasileiros natos ou naturalizados, que preencham os seguintes requisitos: mais de 35 e menos de 65 anos de idade; idoneidade moral e reputação ilibada; notórios conhecimentos jurídicos, contábeis, econômicos e financeiros ou de administração pública; mais de dez anos de exercício de função ou de efetiva atividade profissional que exija os conhecimentos mencionados.

O presidente da República tem a prerrogativa de escolher três ministros, sendo dois, alternadamente, dentre auditores e membros do Ministério Público junto ao tribunal. Quanto aos auditores (também denominados ministros substitutos) e aos procuradores de contas (membros do Ministério Público junto ao TCU), a indicação deve ser alternada e recair sobre um dos nomes constantes da lista tríplice elaborada pelo próprio tribunal, segundo os critérios de antiguidade e merecimento. Tratam-se, assim, de escolhas vinculadas de modo que o presidente da República pode nomear livremente apenas um dos membros do tribunal. Quanto aos outros seis ministros são escolhidos pelo Congresso Nacional, inexistindo regra determinante de vinculação quanto à origem da vaga.

Em respeito à simetria constitucional, o mesmo modelo é seguido pelos demais tribunais de contas, com a ressalva de que a Constituição limitou sua composição a sete membros, denominados conselheiros. Anote-se, no entanto, que o Tribunal de Contas do Município de São Paulo possui uma situação peculiar, contando com apenas cinco membros. Feita essa ressalva, via de regra os sete cargos de conselheiro são preenchidos na proporção de quatro escolhas pelas assembleias legislativas e três pelos respectivos governadores. E, assim como ocorre no âmbito federal, as escolhas do chefe do Poder Executivo devem recair sobre membros da auditoria e do Ministério Público de Contas, restando-lhe uma vaga de livre nomeação.

Aqui cabe uma ponderação, haja vista as constantes críticas ao modelo adotado para a escolha dos membros dos tribunais de contas. Não se pode negar que o desenho traçado pela Constituição Federal confere primazia à escolha de ministros e conselheiros oriundos do meio político. Afinal, tanto no Tribunal de Contas da União quanto nos demais tribunais, apenas duas vagas são reservadas a membros das carreiras técnicas da auditoria e do Ministério Público de Contas. Assim, os membros que ingressam mediante indicação de natureza política constituem uma inequívoca maioria, o que coloca os tribunais em uma constante situação de exposição perante a opinião pública, a qual, justificada ou injustificadamente, a depender do caso, vislumbra a possibilidade de indesejadas ingerências na atuação do agente controlador.

É certo que os tribunais de contas se constituem em cortes administrativas, afigurando-se importante a existência de quadros ecléticos, aptos a contribuir com a experiência haurida nos mais diversos ramos da vida pública. Para além do estrito tecnicismo, é importante contar com a sensibilidade própria dos que reúnem um conhecimento que somente o cotidiano da Administração pode proporcionar. Justifica-se, assim, a presença de membros que não sejam oriundos das carreiras técnicas do tribunal, desde que demonstrado sejam portadores de notórios conhecimentos jurídicos, contábeis, econômicos e financeiros ou de administração pública. No entanto, o fato é que a ampla maioria reservada a tais indicações desequilibra a balança, uma vez que os quadros técnicos dos tribunais de contas contam com agentes qualificados e aprovados pelo crivo de rigorosos concursos públicos. É necessário prestigiar as carreiras próprias de referidas Cortes, as quais, com o emprego de uma visão técnica, têm condições de balancear a atividade de controle, contribuindo para que ela seja realizada da melhor forma possível. Tem-se defendido, assim, a alteração do modelo constitucional vigente, de modo que haja um aumento do número de vagas destinadas aos membros da auditoria e do Ministério Público de Contas, acrescendo-se, ainda, a possibilidade de ingresso de servidores dos quadros funcionais dos tribunais. Isso, por certo, possibilitará um melhor equilíbrio entre as diversas visões inerentes à atuação do controle. Apenas o tempo dirá se haverá espaço e vontade na agenda política brasileira para tal modificação.

Passando adiante, é importante observar que, nos termos do artigo 73, § 3º, da Constituição Federal, os ministros do Tribunal de Contas da União gozam das mesmas garantias, prerrogativas, impedimentos, vencimentos e vantagens dos ministros do Superior Tribunal de Justiça. Por extensão, dada a simetria constitucional, a regra é que os conselheiros dos tribunais de contas contem com as mesmas garantias, prerrogativas, impedimentos, vencimentos e vantagens dos desembargadores dos tribunais de justiça.

Feitas tais ponderações, é oportuna uma referência, ainda que breve, às carreiras de auditor e de procurador de contas para melhor compreensão da estrutura e funcionamento do Tribunal de Contas da União e, como consequência, das cortes inseridas nos demais entes federativos.

Quanto aos auditores, é interessante notar que se trata de um quadro com assento constitucional. Encontram-se referidos no § 4º, do artigo 73, da Carta de Outubro, a qual determina que, quando em substituição a ministro, terão as mesmas garantias e impedimentos do titular e, quando no exercício das demais atribuições da judicatura, as de juiz de Tribunal Regional Federal. Assim, no âmbito do Tribunal de Contas da União, os auditores desempenham duplo papel, exercendo atribuições da judicatura de contas, hipótese em que presidem a instrução de processos, relatando-os com proposta de decisão a ser submetida aos respectivos colegiados, e, também, atuando como qualificados substitutos dos respectivos ministros, quando necessário. Tratam-se de membros vitalícios da Corte, oriundos de aprovação em concurso público. Atualmente, o Tribunal de Contas da União conta com quatro auditores, os quais, não obstante a letra da Constituição, passaram a ser denominados ministros substitutos, consoante a redação atribuída ao regimento interno da Corte. Tais membros são nomeados pelo presidente da República, dentre cidadãos que satisfaçam os requisitos exigidos para o cargo de ministro do Tribunal de Contas da União, mediante concurso público de provas e títulos, observada a ordem de classificação. É importante anotar, ainda, que auditores também integram os demais tribunais de contas, cabendo-lhes o exercício da judicatura de contas e a substituição aos conselheiros. Em diversos entes da Federação, em regra por força de lei, tais profissionais têm sido denominados conselheiros substitutos.

Outro importante elemento do Tribunal de Contas da União e, por extensão, dos demais tribunais de contas, é o Ministério Público de Contas. Não se trata de um ramo do Ministério Público Comum, como muitos poderiam equivocadamente imaginar. Em verdade, o que se tem é uma representação ministerial especializada, voltada à atuação específica junto às Cortes de Contas, com previsão constitucional. A esse respeito, estabelece o artigo 130, da Constituição de 1988, que a seus membros se aplicam as disposições pertinentes a direitos, vedações e forma de investidura pertinentes ao Ministério Público comum. Assim, oriundos de concurso público de provas e títulos, atuam os procuradores de contas como representantes da sociedade perante os tribunais de contas, visando à tutela do interesse público em geral. Gozam, assim, das garantias inerentes aos membros do Ministério Público comum, como vitaliciedade, inamovibilidade e independência funcional. Sem embargo disso, é certo que o Ministério Público de Contas não possui fisionomia institucional própria, encontrando-se entranhado na intimidade estrutural do tribunal de contas, conforme entendimento firmado pelo Supremo Tribunal Federal (STF). Isso não impede que seus membros procedam à organização dos serviços internos da Procuradoria-Geral de Contas. No entanto, o fato é que inexiste quadro de pessoal próprio, não havendo, também, autonomia orçamentária e financeira. De todo modo, o Ministério Público de Contas constitui-se em elemento essencial ao funcionamento das Cortes a que está vinculado, sobretudo em virtude da relevância de suas funções, voltadas à proteção dos interesses da coletividade e ao cumprimento das disposições constitucionais e infraconstitucionais.

Dito isso, retornemos ao Tribunal de Contas da União, desta feita para tratar de suas competências. Conhecê-las é de suma importância, pois isso proporciona uma visão geral a respeito de seu modo de atuação, permitindo, assim, delinear caminhos para o combate à corrupção. A Constituição Federal, em seu artigo 71, atribui-lhe as seguintes competências: apreciar as contas prestadas anualmente pelo Presidente da República, mediante parecer prévio que deverá ser elaborado em sessenta dias a contar de seu recebimento; julgar as contas dos administradores e demais responsáveis por dinheiros, bens e valores públicos da administração direta e indireta, incluídas as fundações e sociedades instituídas e mantidas pelo Poder Público federal, e as contas daqueles que derem causa a perda, extravio ou outra irregularidade de que resulte prejuízo ao erário público; apreciar, para fins de registro, a legalidade dos atos de admissão de pessoal, a qualquer título, na Administração Direta e Indireta, incluídas as fundações instituídas e mantidas pelo Poder Público, excetuadas as nomeações para cargo de provimento em comissão, bem como a das concessões de aposentadorias, reformas e pensões, ressalvadas as melhorias posteriores que não alterem o fundamento legal do ato concessório; realizar, por iniciativa própria, da Câmara dos Deputados, do Senado Federal, de Comissão técnica ou de inquérito, inspeções e auditorias de natureza contábil, financeira, orçamentária, operacional e patrimonial, nas unidades administrativas dos Poderes Legislativo, Executivo e Judiciário, e demais entidades; fiscalizar as contas nacionais das empresas supranacionais de cujo capital social a União participe, de forma direta ou indireta, nos termos do tratado constitutivo; fiscalizar a aplicação de quaisquer recursos repassados pela União mediante convênio, acordo, ajuste ou outros instrumentos congêneres, a Estado, ao Distrito Federal ou a Município; prestar as informações solicitadas pelo Congresso Nacional, por qualquer de suas Casas, ou por qualquer das respectivas Comissões, sobre a fiscalização contábil, financeira, orçamentária, operacional e patrimonial e, também, sobre resultados de auditorias e inspeções realizadas; aplicar aos responsáveis, em caso de ilegalidade de despesa ou irregularidade de contas, as sanções previstas em lei, que estabelecerá, entre outras cominações, multa proporcional ao dano causado ao erário; assinar prazo para que o órgão ou entidade adote as providências necessárias ao exato cumprimento da lei, se verificada ilegalidade; sustar, se não atendido, a execução do ato impugnado, comunicando a decisão à Câmara dos Deputados e ao Senado Federal; e, finalmente, representar ao Poder competente sobre irregularidades ou abusos apurados. Em observância à regra da simetria, as Constituições Estaduais têm cuidado em conferir idênticas competências aos demais tribunais de contas, amoldadas, naturalmente, às peculiaridades dos respectivos estados e municípios.

Tais são, assim, as linhas gerais indispensáveis à compreensão do Tribunal de Contas da União e dos demais tribunais de contas. Naturalmente, dada sua relevância para a República, tais instituições possuem uma dimensão que extravasa, em muito, as breves e modestas ponderações ora apresentadas. As linhas do presente trabalho não são suficientes para conter todo o universo de atuação das Cortes de Contas, no entanto, esse panorama geral é suficiente para que possamos adentrar à análise da forma como elas podem protagonizar ou, pelo menos, coadjuvar, a importante missão de combater a corrupção.

3.2 O combate à corrupção pelo sistema dos tribunais de contas

A preocupação dos tribunais de contas quanto ao combate à corrupção tem sido evidenciada pela adoção de ações que transbordam dos limites da estrita análise processual. Naturalmente, dentro de sua esfera de competências, os tribunais atuam preventiva e repressivamente, podendo sustar atos ilegais, aplicar sanções e determinar a recomposição do erário. Porém, sua atuação, no que toca à corrupção, tem sido ventilada também mediante ações de intervenção na realidade vivenciada.

A esse respeito, podemos mencionar a iniciativa por parte do Tribunal de Contas da União, o qual, atento ao seu papel institucional, publicou o "referencial de combate à fraude e à corrupção",[109] contendo diretrizes destinadas à preservação do patrimônio público, as quais encontram escólio não apenas no ordenamento jurídico nacional, como

---

[109] TRIBUNAL DE CONTAS DA UNIÃO. *Referencial de combate à fraude e à corrupção*. Disponível em: htpps://portal.tcu.gov.br/data/files/A0/E0/EA/C7/21A1F6107AD96FE6F18818A8/Referencialcombatefraudecorrupcao2edicao.pdf. Acesso em: 25 jun. 2019.

também em boas práticas adotadas internacionalmente. Na mesma linha, aquele tribunal concebeu, em 2015, o "projeto combate a desvios e irregularidades" e, em 2016, instalou a Secretaria Extraordinária de Operações Especiais em Infraestrutura, com foco na prevenção de patologias corruptivas, sua detecção e atribuição de responsabilidade aos agentes envolvidos. Tratam-se de experiências encaminhadas à parte das deliberações colegiadas, demonstrando o comprometimento do sistema de controle com a ampliação do leque de instrumentos destinados a combater a corrupção.

É conveniente observar que essa preocupação não é uma exclusividade brasileira. Além-mar também se identificam iniciativas, as quais podem servir de inspiração para o aprimoramento do sistema pátrio. A esse respeito, é digno de nota o exemplo lusitano, com a criação do Conselho de Prevenção da Corrupção (CPC), em 2008, nos seguintes moldes:

> A solução encontrada pelo legislador para prevenir a corrupção passou pela criação de uma entidade administrativa independente – o (...) CPC –, funcionando junto do Tribunal de Contas e sendo composta pelo Presidente do Tribunal de Contas (que preside), pelo Diretor-Geral do Tribunal de Contas (que desempenha as funções de secretário-geral), pelo Inspetor-geral de Finanças, pelo Inspetor-geral da Administração local, por um magistrado do Ministério Público (designado pelo Conselho Superior do Ministério Público), por um advogado (nomeado pelo conselho geral da Ordem dos Advogados) e por uma personalidade de reconhecido mérito nesta área (cooptado pelos restantes membros do CPC). Esta entidade administrativa independente tem como atribuição exclusiva a prevenção da corrupção (...).[110]

A criação de uma unidade especificamente direcionada ao combate à corrupção é importante iniciativa, constituindo-se em exemplo a ser seguido pelo sistema brasileiro, uma vez que a existência de uma estrutura dedicada casuisticamente a esse mister pode incrementar a atividade de controle, proporcionando resultados ainda mais efetivos.

Ao lado disso, convém mencionar que a Associação dos Membros dos Tribunais de Contas (ATRICON), em 2015, adotou a propositura

---

[110] DA COSTA, Paulo Jorge Nogueira. *O Tribunal de Contas e a boa governança*: Contributo para uma reforma do controlo financeiro externo em Portugal. Coimbra: Universidade de Coimbra, 2012. p. 87.

de quinze ações destinadas ao combate à corrupção,[111] dentre as quais se destacam a atribuição de competência aos tribunais de contas para a emissão de parecer prévio sobre as contas de campanhas eleitorais e de partidos políticos, a alteração da Lei de Licitações para a majoração da sanção aplicável em caso de inobservância da ordem cronológica de pagamentos, bem como a alteração da Lei Anticorrupção, para o fim de explicitar as competências dos tribunais, em especial em relação ao controle dos acordos de leniência, e, também, a aprovação de projeto de lei que permita a solicitação da quebra dos sigilos bancário e fiscal dos administradores públicos, no curso dos processos de contas. Tais iniciativas denotam a relevância que o combate à corrupção tem assumido para o sistema dos tribunais de contas, sendo primordial a articulação de suas ações com as demais esferas governamentais, em busca de resultados satisfatórios.

É preciso ter em mente que, não raras vezes, o agente a ser responsabilizado no âmbito administrativo também o será, em virtude do mesmo fato, na esfera judicial, em especial quando verificada a ocorrência de uma patologia corruptiva em seu agir. Naturalmente, nem todo agente responsabilizado na estrita esfera de atuação dos tribunais de contas terá praticado um ato de corrupção, uma vez que sua orientação volitiva poderá estar despida de dolo. Isso, no entanto, não obsta eventual constatação em sentido contrário, hipótese em que a intenção de auferir vantagem às custas do erário (o elemento anímico) estará presente como causa e elemento precipitador do dano.

Nesse ponto, se adequadamente levada a efeito, a atividade de controle externo pode resultar não apenas na coleta de indícios e provas a respeito de condutas ímprobas, podendo redundar, também, na responsabilização dos respectivos agentes e na adoção de providências voltadas à recomposição do erário. Com isso, resulta patente o influxo da atuação dos tribunais de contas na efetividade dos comandos constitucionais referentes à proteção do erário e, de consequência, como já afirmado, aos próprios fundamentos da República.

Nessa linha, a adequada atuação dos tribunais de contas, mediante a utilização do instrumental processual a seu cargo, redundando na necessária identificação de desvios e na atribuição de responsabilidades, tem o condão de subsidiar a adoção de medidas voltadas ao combate à

---

[111] ASSOCIAÇÃO DOS MEMBROS DOS TRIBUNAIS DE CONTAS DO BRASIL. *Contribuições da Atricon para combater a corrupção no Brasil*. Disponível em: https://www.atricon.org.br/wp-content/uploads/2015/03/NotaCorrupcao_Atricon.pdf. Acesso em: 25 jun. 2019.

corrupção, resultando em desdobramentos práticos que transbordam dos estreitos limites da simples teorização.

Diante disso, não há como negar a importante influência do sistema dos tribunais de contas no que toca às ações de combate à corrupção, uma vez que ele pode atuar diretamente contra os responsáveis pelas irregularidades ou, na outra ponta, de modo indireto, favorecendo o agir de outros órgãos de controle. É assim que as decisões que venham a identificar situações caracterizadoras de atos de corrupção poderão mover os gestores públicos à adoção de medidas destinadas a combatê-las. E, não apenas isso, mas a cientificação a respeito dos resultados obtidos pela atuação das Cortes de Contas poderá imprimir no ânimo dos gestores a devida atenção quanto à eventual necessidade de correção de medidas já implementadas.

É necessário ter em mente que o tribunal de contas não se constitui em uma ilha apartada do restante da sociedade, sendo imprescindível que sua força de trabalho, coadunada à de outras instituições de controle, proporcione elementos concretos, hábeis a serem empregados no aprimoramento das medidas de combate à corrupção. Ao fazê-lo, estará a Corte de Contas cumprindo com seu mister institucional, o qual consiste exatamente na tutela do patrimônio público contra os achaques da corrupção e, em última instância, na própria tutela do regime democrático e do modelo republicano, os quais representam valores muito caros à sociedade brasileira.

3.3 Competências gerais dos tribunais de contas e sua importância para o combate à corrupção

Em complemento à enumeração das competências atribuídas ao Tribunal de Contas da União pela Constituição Federal, referida em linhas pregressas, é importante conhecer um pouco mais a fundo as atividades que são desempenhadas pelo sistema de controle externo em geral. Tal conhecimento é importante para que se compreenda o espectro sobre o qual as Cortes de Contas podem atuar no combate à corrupção.

A primeira competência refere-se à apreciação das contas prestadas anualmente pelo chefe do Poder Executivo. No âmbito federal, incumbe ao Tribunal de Contas da União a emissão de parecer prévio a respeito das contas do presidente da República. Aos Tribunais de Contas dos Estados cabe a apreciação das contas dos governadores e prefeitos, com a ressalva de que, no que toca a estes últimos agentes políticos, tal incumbência é conferida aos Tribunais de Contas dos Municípios e Tribunais de Contas Municipais, onde existentes. Em regra, a emissão do parecer prévio deve ocorrer no prazo de 60 dias do protocolo das contas.

É importante notar que os tribunais de contas não julgam as contas do chefe do Poder Executivo, limitando-se sua atuação à emissão de um parecer, a ser encaminhado ao Poder Legislativo. Desse modo, a competência para efetivamente deliberar a respeito da aprovação ou não das contas de governo pertence ao Congresso Nacional, no âmbito federal, às assembleias legislativas, na esfera estadual, e às câmaras municipais, no caso dos municípios. Trata-se de um julgamento eminentemente político, embora fundado na análise técnica das Cortes de Contas. O fundamento teórico para essa competência se encontra no princípio da separação dos Poderes, os quais, muito embora devam se relacionar de forma harmônica e independente, submetem-se ao sistema de freios e contrapesos (*checks and balances)*, de modo que a atuação do Poder Executivo se encontra subordinada à fiscalização realizada pelo Poder Legislativo, o qual, como já referido, ostenta a titularidade do controle externo sobre as atividades da Administração. Tem-se, assim, a imprescindibilidade da apreciação das contas pelo Parlamento, de modo que, nesse particular, a atuação dos tribunais de contas é apenas acessória, muito embora seja indispensável e fundamental.

Uma vez que é o Poder Legislativo que detém a competência para o julgamento das contas, é natural que ele não se encontre vinculado ao teor do parecer prévio emitido pela Corte de Contas, de modo que poderá acolhê-lo no todo ou em parte, ou, até mesmo, decidir em sentido contrário. Observa-se que, para esse fim, não há necessidade de quórum mínimo, podendo a deliberação ocorrer por maioria simples, exceto no que toca as contas dos municípios. Nesse caso, o artigo 31, § 2º, da Constituição Federal, determina que o parecer prévio apenas deixará de prevalecer por decisão de dois terços dos membros da Câmara Municipal. Assim, no âmbito dos municípios, caso o parecer seja favorável à aprovação, eventual rejeição das contas está condicionada à referida maioria qualificada. O oposto também se aplica, de modo que, na hipótese de eventual parecer pela rejeição das contas, poderá a Câmara Municipal decidir diferentemente, aprovando-as, desde que, para tanto, se valha do voto de dois terços de seus membros.

Outra incumbência dos tribunais de contas se consubstancia no julgamento das contas dos administradores e demais responsáveis por dinheiros, bens e valores públicos da Administração Direta e Indireta, incluídas as fundações e sociedades instituídas e mantidas pela União,

Estados e Municípios, além das contas de todos quantos derem causa à perda, extravio ou outras irregularidades que resultem em prejuízo ao erário. Nesse caso, tem-se efetivo exercício de atividade jurisdicional (não judicial), com aplicação do direito (*jurisdictio*) pela Corte de Contas. A esse respeito, basta ver que a Constituição Federal empregou as expressões "jurisdição" (artigo 73, *caput*), "julgar" (artigo 71, inciso I) e "judicatura" (artigo 73, § 4º).[112] Assim, é correto afirmar que os tribunais, por intermédio de seus órgãos colegiados, realizam uma atividade de efetivo julgamento, de aplicação do direito, qualificando-se suas decisões pela natureza coercitiva e cogente, de observância obrigatória.

Não sem razão, todos quantos atuam na atividade administrativa pública, gerindo recursos, sujeitam-se ao dever de prestar contas. Assim, os gestores devem encaminhar suas contas ao tribunal a que são subordinados, anualmente, com a inclusão de todos os recursos, orçamentários e extraorçamentários, utilizados, arrecadados, guardados ou geridos pelas unidades ou entidades pelas quais respondam. Ressalte-se que, nesse ponto, podem existir distinções de ordem local estabelecidas por cada tribunal, havendo aqueles que exigem tal apresentação por parte de todos os jurisdicionados e, também, outros que se valem de critérios diferenciados, como o das listas de amostragem.

Esse encaminhamento ocorre na forma de tomada ou prestação de contas, conforme se trate de órgão da Administração Direta ou Indireta, abrangendo, via de regra, o rol de responsáveis da unidade ou entidade jurisdicionada, o relatório de gestão, os relatórios e pareceres sobre as contas e a gestão da unidade jurisdicionada, previstos em lei ou em seus atos constitutivos, bem como o relatório e o certificado de auditoria do órgão de controle interno, com o respectivo parecer do seu dirigente sobre a eficácia e eficiência da gestão orçamentária, financeira, operacional, contábil e patrimonial, e, também, o pronunciamento expresso do Secretário de Estado ou da autoridade de nível hierárquico equivalente, em relação às suas entidades jurisdicionadas, sobre as contas de responsáveis e o respectivo parecer do controle interno.

Os tribunais de contas, nesse caso, guardadas as peculiaridades da legislação aplicável a cada um deles, apoiados na análise da unidade técnica competente e nas manifestações do Ministério Público de Contas e do corpo de auditores, procedem ao julgamento das contas, deliberando quanto à sua regularidade com ou sem ressalvas ou, ainda, por sua

---

[112] FERNANDES, Jorge Ulisses Jacoby. *Tribunais de contas do Brasil*: jurisdição e competência. 2. ed. Belo Horizonte: Fórum, 2005. p. 36.

irregularidade. No caso de contas regulares, tem lugar a emissão de certidão de quitação aos responsáveis.

De outro lado, o padrão é que o julgamento pela irregularidade das contas enseje a atribuição de responsabilidade individual ou solidária e, havendo débito, tem lugar a citação do responsável para que, no prazo de 15 (quinze) dias, apresente alegações de defesa ou recolha a quantia devida, devidamente atualizada.

De todo modo, em respeito ao artigo 5º, inciso LV, da Constituição Federal, deve ser assegurada ampla defesa ao jurisdicionado, de modo que a deliberação pela rejeição das contas é ordinariamente precedida da regular instauração do contraditório, evitando-se, assim, eventuais alegações de nulidade processual.

O julgamento pela irregularidade das contas pode induzir à instauração de Tomada de Contas Especial, caso haja evidência de danos ao erário. Com esse processo subsequente, é possível proceder-se à apuração dos fatos, à quantificação dos danos e à identificação dos respectivos responsáveis, com a promoção de atos destinados à devida recomposição.

Além disso, outro efeito importante do julgamento pela irregularidade das contas se encontra concebido no artigo 1º, inciso I, alínea g, da Lei Complementar nº 64/90 (Lei de Inelegibilidade), que assim dispõe:

> Artigo 1º. São inelegíveis:
>
> I – para qualquer cargo:
> (...)
> g) os que tiverem suas contas relativas ao exercício de cargos ou funções públicas rejeitadas por irregularidade insanável que configure ato doloso de improbidade administrativa, e por decisão irrecorrível do órgão competente, salvo se esta houver sido suspensa ou anulada pelo Poder Judiciário, para as eleições que se realizarem nos 8 (oito) anos seguintes, contados a partir da data da decisão, aplicando-se o disposto no inciso II do art. 71 da Constituição Federal, a todos os ordenadores de despesa, sem exclusão de mandatários que houverem agido nessa condição.

Como se vê, a rejeição das contas pode acarretar a inelegibilidade do gestor por oito anos, caso tenha fundamento em decisão definitiva que reconheça a existência de irregularidade insanável, caracterizadora de ato doloso de improbidade administrativa.

É importante observar que referido dispositivo deve sua atual redação à Lei Complementar nº 135, de 4 de junho de 2010. No regime anterior, não existia a expressão "que configure ato doloso de improbidade administrativa." Assim, o modelo anteriormente adotado era mais gravoso, pois dispensava o elemento anímico, direcionado à prática consciente de um ato de improbidade. A alteração legislativa, no entanto, carreou para a atividade do aplicador do direito a imprescindibilidade da avaliação tanto ao *animus* do agente e, bem assim, quanto à incidência de alguma das figuras preconizadas no bojo da Lei nº 8.429, de 02 de junho de 1992 (Lei de Improbidade Administrativa).

É necessário ter em vista que o julgamento pela irregularidade das contas não torna o gestor público automaticamente inelegível. Em geral, incumbe aos tribunais proceder ao levantamento dos nomes dos responsáveis cujas contas relativas ao exercício de cargos ou funções públicas tenham sido rejeitadas por irregularidade insanável ou por decisão irrecorrível, procedendo ao respectivo encaminhamento à Justiça Eleitoral, o que ocorre anualmente. No caso das contas do Presidente da República, o destino é o Tribunal Superior Eleitoral (TSE). No caso dos governadores e dos prefeitos, a mencionada relação deve seguir ao respectivo Tribunal Regional Eleitoral (TRE). De todo modo, o fato é que caberá à Justiça Eleitoral, na esfera de sua competência constitucional, avaliar a subsunção da conduta às figuras inerentes à improbidade administrativa na modalidade dolosa, decidindo quanto à inelegibilidade ou não do respectivo agente público. Releva notar que o fato de os gestores se sujeitarem ao risco da inelegibilidade demonstra a seriedade com que devem se haver todos quantos sejam responsáveis por dinheiros, bens e valores públicos, restando evidenciada, assim, a importância do julgamento efetivado pelas Cortes de Contas.

Ao lado disso, outra incumbência dos tribunais de contas consiste na apreciação, para fins de registro, da legalidade dos atos de admissão de pessoal, a qualquer título, nas administrações Direta e Indireta, incluídas as fundações instituídas e mantidas pelo poder público, exceto quanto às nomeações referentes a cargos de provimento em comissão. Também lhes incumbe apreciar os atos concessivos de aposentadoria, reforma e pensão, ressalvadas as melhorias posteriores que não alterem o fundamento legal do ato concessório. Tratam-se dos atos de pessoal que produzem reflexos sobre o erário, de modo que a apreciação de sua legalidade é tarefa do controle externo, visando a permitir o respectivo registro. São, com efeito, atos complexos, cujo exaurimento demanda a análise do Tribunal de Contas.

É curial notar, a esse respeito, que a Súmula Vinculante nº 03, do Supremo Tribunal Federal, determina que nos processos perante o Tribunal de Contas da União devem ser assegurados o contraditório e a ampla defesa, quando da decisão resultar em anulação ou revogação de ato administrativo que beneficie o interessado, excetuada a apreciação da legalidade dos atos concessivos de aposentadoria, reforma e pensão. Com efeito, o tribunal de contas não instaura contraditório em processos dessa natureza, haja vista que a relação jurídica não se estabelece diretamente com o servidor, mas sim com o órgão jurisdicionado. Porém, não se pode ignorar a existência de prazo decadencial para que tais atos sejam apreciados. A esse respeito, o Supremo Tribunal Federal, em sede de repercussão geral, deliberou quanto ao Tema 445, dispondo que, tendo em vista os princípios da segurança jurídica e da confiança legítima, "os Tribunais de Contas estão sujeitos ao prazo de cinco anos para o julgamento da legalidade do ato de concessão inicial de aposentadoria, reforma ou pensão, a contar da chegada do processo à respectiva Corte de Contas." Portanto, caso a análise não ocorra dentro do prazo quinquenal, restará obstada a negativa do registro, convalidando-se o respectivo ato administrativo, ainda que eventualmente inquinado de alguma ilegalidade.

Passando adiante, mais uma competência das Cortes de Contas consiste na realização de inspeções e auditorias de natureza contábil, financeira, orçamentária, operacional e patrimonial, por iniciativa própria, do Poder Legislativo, de comissão técnica ou de inquérito, nas unidades administrativas dos Poderes e dos demais entes jurisdicionados. Percebe-se aqui a distinção entre os instrumentos processuais utilizados pelas Cortes de Contas, os quais se situam em dois grupos primordiais: primeiro, os processos de contas, representados pelas prestações e tomadas de contas; segundo, os processos de fiscalização, representados por um plexo mais abrangente de instrumentos escorados em técnicas de verificação e auditoria.

Outra incumbência atribuída aos tribunais de contas consiste na prestação de informações ao Poder Legislativo, em atendimento a solicitações oriundas do Plenário ou de suas comissões, particularmente no que toca à fiscalização contábil, financeira, orçamentária, operacional e patrimonial e sobre resultados de auditorias e inspeções realizadas. Sobressai, aqui, sua condição de órgão autônomo auxiliar da atividade de controle externo, sendo imprescindível o emprego de sua estrutura, bem como do *know-how* e da *expertise* de sua força de trabalho, no sentido de subsidiar o Parlamento com os meios necessários à efetivação de sua atividade fiscalizadora. É necessário repisar que essa atuação não o coloca em posição de subordinação perante o Poder Legislativo, tratando-se de órgão autônomo e independente, como demonstrado em linhas pregressas.

CAPÍTULO 3
O TRIBUNAL DE CONTAS NO ENFRENTAMENTO À CORRUPÇÃO

Além disso, os tribunais de contas também detêm competência para assinar prazo para a adoção das providências necessárias ao exato cumprimento da lei, quando verificada ilegalidade. Podem, inclusive, sustar a execução do ato impugnado, quando não atendida referida determinação, hipótese em que deverão comunicar o fato ao Poder Legislativo. Saliente-se que essa competência se refere a atos, de modo que a sustação de contratos é conferida apenas ao próprio Poder Legislativo, a quem incumbirá a solicitação das medidas cabíveis diretamente ao Poder Executivo. Nesse caso, a competência dos tribunais de contas é residual, cabendo-lhes decidir a respeito da sustação do contrato apenas se o Parlamento ou o Poder Executivo não adotarem as respectivas providências. Sem embargo disso, a experiência demonstra que, não raras vezes, a edição de decisões cautelares tem extravasado os limites dessa competência. Exemplo disso ocorre quando os tribunais de contas determinam a sustação de pagamentos relacionados ao contrato, o que equivale à suspensão da própria avença. Afinal, ante a ausência de satisfação das prestações devidas pela Administração, como se poderá exigir do contratado a realização das contraprestações convencionadas?

Também incumbe aos tribunais de contas a responsabilidade de representar ao Poder competente sobre irregularidades ou abusos apurados. Trata-se de um poder-dever, uma vez que, diante da constatação a respeito de uma situação irregular, impõe-se seja o fato levado ao conhecimento das esferas competentes para sua persecução. Isso ocorre porque, embora detenham um extenso rol de competências, a atuação dos tribunais de contas se encontra restrita à fiscalização contábil, financeira, orçamentária, operacional e patrimonial, não podendo atuar em searas reservadas a outras instituições.

É o caso, por exemplo, da constatação a respeito de ilícitos de natureza criminal, os quais devem ser levados ao conhecimento do Ministério Público, haja vista tratar-se do titular da ação penal pública. De registrar-se que o conhecimento do fato pelo Ministério Público de Contas não supre essa exigência, uma vez que, encontrando-se entranhado na intimidade estrutural do tribunal de contas, não detém ele competência para atuação na esfera penal. O caso, assim, deve ser levado ao conhecimento do Ministério Público Comum. O mesmo se aplica às situações caracterizadoras de improbidade administrativa, cuja persecução incumbirá a essa instituição. Nesse caso, mesmo quando existirem indícios ou provas, não poderá o Tribunal de Contas manifestar-se conclusivamente pela caracterização do ato de improbidade, tarefa reservada à esfera judicial, o que, no entanto, não impede a aplicação de sanções em sua órbita de competência. É dizer, embora não possa concluir, em definitivo, que o ato caracteriza improbidade, a Corte de Contas pode aplicar sanções com suporte na violação do ordenamento jurídico, cabendo-lhe encaminhar o fato ao conhecimento do Ministério Público para que, na esfera adequada, seja verificada a subsunção da conduta aos dispositivos da Lei nº 8.429/92 (Lei de Improbidade Administrativa), ensejando a aplicação das medidas ali cominadas, se for o caso.

Outra competência dos tribunais de contas consiste na fiscalização das contas de empresas ou consórcios de cujo capital social o respectivo ente federativo participe, de forma direta ou indireta, nos termos de acordo, convênio ou ato constitutivo. Trata-se de uma extensão da competência primária, inerente à fiscalização dos órgãos da Administração Direta e Indireta, a qual se amplia para açambarcar inclusive pessoas jurídicas de direito privado cujo capital social tenha alguma participação do poder público. Afinal, ao integralizar o capital de sociedades outras, ainda que sob o regime jurídico de direito privado, a origem pública dos recursos demanda sua sujeição à atuação fiscalizadora do controle externo.

Na mesma vereda, uma incumbência adicional normalmente atribuída aos tribunais de contas consiste no acompanhamento da realização dos concursos públicos na Administração Direta e nas autarquias, fundações, empresas públicas e sociedades instituídas ou mantidas pelo ente federativo. Essa competência revela, mais uma vez, a importância atribuída ao controle externo, uma vez que o ingresso em cargos públicos mediante concurso se consubstancia em uma exigência republicana, conferindo impessoalidade ao trato da coisa pública e assegurando a todos igualdade de oportunidades. Assim, ao estabelecer que a investidura em cargo ou emprego público depende de aprovação prévia em concurso público de provas ou de provas e títulos, de acordo com a natureza e a complexidade do cargo ou emprego (o que não se aplica, naturalmente, aos cargos em comissão), o artigo 37, inciso II, da Constituição Federal, rende homenagem ao princípio republicano. Disso decorre a importância da atuação do controle externo nessa seara, assegurando a adequada observância da referida exigência constitucional.

Uma observação importante, neste momento, refere-se à possibilidade de ampliação do rol de competências dos tribunais de contas via legislação infraconstitucional. Nesse ponto, tendo em vista a simetria constitucional, somente se admite o alargamento das competências se houver conformidade com o modelo estabelecido. Assim, resta assente que é possível a atribuição de competências específicas, desde que estejam relacionadas às finalidades institucionais previstas no bojo da Constituição Federal, em particular quanto à atuação voltada ao controle de legalidade, legitimidade e economicidade, no que toca à fiscalização contábil, financeira, orçamentária, operacional e patrimonial da Administração Pública em geral.

Nessa linha, algumas atribuições conferidas por diplomas infra-constitucionais devem ser objeto de atenção, por sua relevância. É o caso, por exemplo, da Lei Complementar nº 101/00 (Lei de Responsabilidade Fiscal – LRF), que confere ao Tribunal de Contas a fiscalização de seu cumprimento, com ênfase para o atingimento das metas estabelecidas na Lei de Diretrizes Orçamentárias (LDO), os limites e condições para realização de operações de crédito e inscrição em restos a pagar, as medidas adotadas para o retorno da despesa total com pessoal e dos montantes das dívidas consolidada e mobiliária aos respectivos limites e a destinação de recursos obtidos com a alienação de ativos.

Referido diploma ainda atribui ao Tribunal de Contas a incumbência de alertar os Poderes e órgãos quando o montante da despesa total com pessoal e das dívidas consolidada e mobiliária, das operações de crédito e da concessão de garantias, ultrapassar 90% do limite estabelecido (limite de alerta). A Corte tem o dever, também, de alertar quando os gastos com inativos e pensionistas se encontrarem acima do limite definido em lei e, bem assim, quando tiver conhecimento de fatos que comprometam os custos ou os resultados dos programas ou, ainda, que representem indícios de irregularidades na gestão orçamentária.

Na mesma linha, a Lei nº 8.666/93 (Lei de Licitações), determina que o controle das despesas decorrentes dos contratos e demais instrumentos deve ser realizado pelo Tribunal de Contas. Para esse fim, estabelece que qualquer licitante, contratado ou pessoa física ou jurídica, poderá representar ao tribunal para apuração de irregularidades, cabendo a este a apreciação quanto à legalidade, à legitimidade e à economicidade do certame. Para tanto, confere-se à Corte a possibilidade de solicitar cópia de edital de licitação já publicado, até o dia útil imediatamente anterior à data de recebimento das propostas, encontrando-se os órgãos ou entidades da Administração interessada obrigados a adotar as medidas corretivas que vierem a ser determinadas.

Também a Lei nº 11.494/07, que regulamentou o FUNDEB, atribuiu ao tribunal de contas a competência para a fiscalização e o controle dos órgãos governamentais sob sua jurisdição, quanto ao cumprimento à aplicação da totalidade dos recursos dos respectivos fundos.

Quanto a essa competência, é importante compreender que o FUNDEB foi criado pela Emenda Constitucional nº 53, de 19 de dezembro de 2006, a qual, em seu artigo 60, estipulou que os Estados, o Distrito Federal e os Municípios devem destinar parte dos recursos a que se refere o *caput* do artigo 212 da Constituição Federal à manutenção e ao desenvolvimento da educação básica, bem como à remuneração condigna dos trabalhadores da educação. Para tanto, a criação do fundo, no âmbito de cada Estado e do Distrito Federal, visa exatamente a subsidiar a distribuição dos recursos e das responsabilidades entre referidos entes.

Regulamentado pela Medida Provisória nº 339/06, posteriormente convertida na Lei nº 11.494/07, o FUNDEB é um fundo especial, de natureza contábil e de âmbito estadual, formado, na quase totalidade, por recursos provenientes dos impostos e transferências dos Estados, do Distrito Federal e dos Municípios, obrigatoriamente vinculados à educação. De observar-se que seu valor é determinado segundo o número de alunos existentes em cada ente da Federação, de modo que, quando o cálculo não alcança o valor mínimo definido nacionalmente, é tarefa da União proceder à respectiva complementação.

Sem embargo disso, é necessário notar que a Emenda Constitucional nº 53 estabeleceu a vigência do Fundo até o décimo quarto ano a partir de sua promulgação. Desse modo, nos moldes em que foi concebido, o FUNDEB deveria expirar em 31 de dezembro de 2020, extinguindo-se, assim, essa importante fonte de receita da educação. Isso levou a uma movimentação no âmbito do Congresso Nacional, de modo que foi aprovada a alteração da Constituição Federal, desta feita com o propósito de dotar o fundo de perenidade.

Foi, assim, concebida a Emenda Constitucional nº 108, de 26 de agosto de 2020 (Emenda do novo FUNDEB), com sua inserção em definitivo no bojo do texto constitucional e, de conseguinte, no arcabouço jurídico normativo do país. E, em que pese a regulamentação mencionada ter sido editada em data anterior a essa alteração constitucional, subsiste a competência do tribunal de contas para a fiscalização quanto ao cumprimento da aplicação da totalidade dos recursos dos respectivos fundos, no âmbito de sua jurisdição.

Diante de todo o exposto, particularmente quanto à concepção, regramento, composição e, principalmente, competências do tribunal de contas, pode-se afirmar seu papel central como elemento de controle da atividade estatal. Como tal, juntamente com outros protagonistas (como o Ministério Público e os Poderes Legislativo e Judiciário), sua atuação, devidamente levada a cabo, tem aptidão para propiciar a identificação de irregularidades, a correção de desvios e a aplicação de sanções. Trata-se, com efeito, de um importante ator no combate aos atos de corrupção, sendo imprescindível que sua atuação seja levada a efeito com atenção a esse mister.

Na mesma toada, compete ao tribunal de contas a aplicação de sanções legais aos responsáveis por ilegalidade de despesa, irregularidade de contas ou atraso em sua prestação. Atuam as Cortes, nesse caso, como órgãos repressivos e sancionadores, aplicando punições aos agentes encontrados em situações de desvio. A atividade sancionadora, nesse ponto, possui elevada relevância, razão pela qual será tratada em seguida.

3.4 A atividade sancionadora dos tribunais de contas

Quando se pensa em atividade sancionadora no âmbito dos tribunais de contas, a primeira imagem que surge é a da prolação de acórdãos condenatórios. Contudo, há que se distinguir as condenações sancionatórias daquelas destinadas ao simples ressarcimento do erário. Neste último caso, em vez de aplicar uma pena, a atuação dos tribunais volta os olhos à recomposição dos danos provocados ao patrimônio público.

Quanto ao conceito de dano, tendo em vista a multidisciplinaridade da ciência jurídica, podemos nos socorrer de lições oriundas do Direito Privado para uma aproximação inicial. Nessa vereda, entende-se o dano como "o prejuízo causado, em virtude de ato de outrem, que vem causar diminuição patrimonial".[113] Com efeito, a nota da lesão ao patrimônio e, bem assim, sua redução, são essenciais para a caracterização do dano. Como afirma Gomes:

> Conceito de dano. Desenvolve-se a tendência para considerar plausível o dano moral ao lado do dano material, que é eminentemente patrimonial. Por isso, escritores modernos definem o dano como a diminuição ou subtração de um bem jurídico (Fórmica), a lesão de um interesse (Trabuchi).[114]

Essa lesão pode, desse modo, incidir sobre o patrimônio material ou imaterial. No entanto, mesmo não se negando a possibilidade,

---

[113] REIS, Clayton. *Dano moral*. 4. ed. Rio de Janeiro: Forense, 1998. p. 3.
[114] GOMES, Orlando. *Obrigações*. 15. ed. Rio de Janeiro: Forense, 2000. p. 270.

em tese, de virem as pessoas jurídicas de direito público a sofrer dano moral, deve-se assinalar que, na esfera do controle externo, o prejuízo a ser considerado possui feição claramente material. Uma boa maneira de entender o dano na esfera do Direito Público pode ser encontrada considerando-se o conceito haurido na Lei de Improbidade Administrativa (Lei nº 8.429, de 2 de junho de 1992), particularmente em seu artigo 10. Ali se definem os atos de improbidade que causam lesão ao erário, entendidos como aqueles que ensejam "perda patrimonial, desvio, apropriação, malbaratamento ou dilapidação dos bens ou haveres" públicos. A respeito do tema, é esclarecedora a seguinte lição:

> A perda patrimonial consiste em qualquer lesão que afete o patrimônio, este em seu sentido amplo. Desvio indica direcionamento indevido de bens ou haveres; apropriação é a transferência indevida da propriedade; malbaratamento significa desperdiçar, dissipar, vender com prejuízo; e dilapidação equivale a destruição, estrago.[115]

Como se percebe, o conceito utilizado pela Lei de Improbidade Administrativa é bastante amplo e alcança uma diversidade considerável de situações. Para além disso, procede o texto legal, ainda, à enumeração exemplificativa de atos dessa natureza, dentre os quais se destacam a facilitação para a incorporação de bens, rendas ou verbas públicas ao patrimônio particular, a realização de operação financeira e a concessão de benefício administrativo e fiscal sem a observância das normas legais ou regulamentares, a frustração da licitude de processo licitatório, a realização de despesas não autorizadas em lei e a negligência na arrecadação de tributos. Além disso, é importante notar a seguinte distinção:

> O art. 10 da Lei 8.429/1992 exige a ocorrência da 'lesão ao erário' para configuração da improbidade administrativa. É oportuno registrar que as expressões 'erário' e 'patrimônio público' não se confundem. A expressão 'erário', no caso, compreende os recursos financeiros provenientes dos cofres públicos da Administração Pública direta e indireta, bem como aqueles destinados pelo Estado às demais entidades mencionadas no art. 1º da LIA. Diferentemente, o vocábulo 'patrimônio público' possui conotação mais ampla e compreende não apenas os bens e interesses econômicos, mas também aqueles com conteúdo não econômico. O art. 1º, § 1º, da Lei 4.717/1965 (Lei da Ação Popular) considera patrimônio

---

[115] CARVALHO FILHO, José dos Santos. *Manual de direito administrativo*. 17. ed. Rio de Janeiro: Lumens Iuris, 2007. p. 915.

público os bens e direitos de valor econômico, artístico, estético, histórico ou turístico.[116]

Essa diferenciação é importante tanto para a propositura de ação de improbidade administrativa quanto para a atuação do controle externo, haja vista a necessidade do elemento econômico caracterizador da lesão ao erário. Eventual dano não econômico, incidente sobre a esfera do patrimônio público em sentido amplo, não ensejará a movimentação do tribunal de contas. Nesse sentido:

> O dano deve ter significado econômico para justificar a instauração da TCE; a competência dos Tribunais de Contas só se estabelece quando, subjacente ao dano, houver uma conduta de um agente jurisdicionado a essa corte especializada, mesmo que tal conduta decorra de ato culposo, em qualquer de suas modalidades: negligência, imprudência ou imperícia."[117]

Com efeito, o dano ao erário somente reclama a atuação do tribunal de contas quando possui significado econômico e, também, quando existe uma relação de pertinência com suas competências. É por essa razão que o dano provocado por um particular que, por sua condição, não esteja sujeito ao dever de prestar contas, não se posicionando como jurisdicionado da Corte, não ensejará a atuação do tribunal. É o caso, por exemplo, do motorista que colide com um edifício público, provocando prejuízos. O dano estará, naturalmente, configurado. Contudo, sua satisfação se resolverá na estrita órbita da responsabilidade civil, mediante o ajuizamento de ação com pedido condenatório por parte da Fazenda Pública. Caso como esse, contudo, não se sujeitará à persecução do tribunal de contas, ante a inexistência de qualquer relação de pertinência com suas competências.

Diante de todas essas ponderações, resta inescapável concluir que, ao se deparar com alguma lesão, direcionamento indevido, apropriação, desperdício ou dilapidação de bem público de qualquer natureza, o controle externo encontrará ambiente favorável à sua atuação, cabendo ao Tribunal de Contas prolatar acórdão condenatório

---

[116] NEVES, Daniel Amorim Assumpção; OLIVEIRA, Rafael Carvalho Rezende. *Manual de improbidade administrativa*: direito material e processual. 6. ed. São Paulo: Método, 2018. p. 123-124.

[117] FERNANDES, Jorge Ulisses Jacoby. *Tomada de contas especial* – Processo e procedimento na administração pública e nos tribunais de contas. 3. ed. Belo Horizonte: Fórum, 2005. p. 172.

determinando a recomposição do dano, de modo que o patrimônio público possa ser reconstituído. É disso que se fala quando se está a tratar de imputação de débito, o que, advirta-se, não se confunde com a competência sancionadora. Quanto a esta, é exercida quando, ao se deparar com a existência de irregularidades ou ilegalidades, o Tribunal de Contas aplica as sanções prescritas em lei, as quais possuem natureza claramente punitiva (o que não afasta a possibilidade, em casos pontuais, da cominação de astreintes, consistentes em parcelas pecuniárias destinadas a compelir o jurisdicionado à prática ou abstenção de determinados atos).

Quanto a essa atuação punitiva, decorre da concepção de que a atividade do controlador restaria inócua se não dispusesse de instrumentos hábeis a conferir força aos seus comandos. Naturalmente, por vezes as deliberações do tribunal de contas serão dotadas de caráter pedagógico, resultando em simples recomendações, sem natureza vinculante. Esse viés será analisado em tópico específico. Contudo, de outro lado, a atuação repressiva e punitiva é indispensável em situações em que as irregularidades verificadas venham a tornar impositivas providências mais duras e consistentes. Em situações dessa natureza, a ausência de punição poderia resultar na falta de correção dos desvios identificados, fazendo o jurisdicionado ouvidos moucos aos reclames do controlador, em patente desrespeito à sua autoridade constitucional, sem falar, ainda, no estímulo à reiteração de ilícitos.

Saliente-se, por oportuno, que o exercício dessa atividade sancionadora requer a correta valoração dos conceitos de ilícito e de sanção, sendo curial, para tanto, clareza quanto à existência de relação lógico-jurídica e antecedente-consequente entre eles. Nesse sentido:

> No âmbito do Direito tanto os ilícitos são ontologicamente iguais entre si como também o são as sanções correspondentes (FERREIRA, 2001; OLIVEIRA, 2005). O que distingue a pena de reclusão da multa, e o homicídio do não-pagamento do tributo, é o regime jurídico ao qual se sujeitam a investigação dos fatos juridicamente indesejados e as respostas de tanto ou, mais simplesmente e como referido por Vitta (2003, p. 34), a autoridade legalmente responsável pela investigação e/ou pela imposição da sanção. Logo, a infração administrativa constitui espécie de infração jurídica e se distingue das demais pelo fato de figurar como causa lógico-jurídica da imposição de sanção de mesma natureza a ser imposta por um agente público no exercício regular de função administrativa. (...).
>
> A sanção, por sua vez, equivale a uma reação restritiva, uma consequência jurídica ordinária e desfavorável ao comportamento reprovável de

alguém porque em desconformidade com uma típica determinação legal, regulamentar ou contratual. (...).

Logo, as infrações e as sanções administrativas mantêm entre si uma estreita e ordinária relação, lógico-jurídica, de antecedente-consequente, e as sanções administrativas têm por finalidade desestimular comportamentos reprováveis no âmbito da Administração Pública.[118]

Considerar tais premissas, principalmente no que toca ao liame infração/sanção, é essencial para que o exercício da atividade sancionadora seja dotado de razoabilidade, proporcionalidade e justiça.

Cabe ressaltar que inexiste qualquer questionamento, tanto no seio da doutrina quanto da jurisprudência, a respeito do poder sancionador atribuído aos tribunais de contas. Emblemática a esse respeito é a posição do Supremo Tribunal Federal no Mandado de Segurança nº 37.424, ao afirmar que a aplicação de multas pelo Tribunal de Contas da União se insere na competência sancionadora da Administração Pública, sujeitando-se ao estatuto constitucional do poder punitivo estatal e informando-se pelos princípios da legalidade, do devido processo legal, do contraditório e da ampla defesa, da segurança jurídica e da irretroatividade, da culpabilidade e da pessoalidade da pena, da individualização da sanção e, também, da razoabilidade e da proporcionalidade.[119]

Dentre as penalidades aplicáveis pelos Tribunais de Contas, a legislação de cada um deles costuma elencar a multa pecuniária, a qual tem lugar nos casos de contas julgadas irregulares, da prática de ato de gestão ilegal, ilegítimo ou antieconômico, de infração à norma legal ou regulamentar de natureza contábil, financeira, orçamentária, operacional ou patrimonial, de descumprimento a determinações, decisões e obrigações previstas em ato normativo do tribunal, de obstrução ao livre exercício dos procedimentos de fiscalização, bem como de sonegação de processos, documentos ou informações.

Também é importante consignar que, nos termos do artigo 71, § 3º, da Constituição Federal, as decisões do Tribunal de Contas da União, de que resulte imputação de débito ou multa, possuem eficácia de título executivo, o que se aplica, por simetria, aos demais

---

[118] FERREIRA, Daniel. Sanções administrativas: entre direitos fundamentais e democratização da ação estatal. *Revista de Direitos Fundamentais e Democracia*, Curitiba, v. 12, n. 12, p. 167-185, julho/dez. 2012.

[119] SUPREMO TRIBUNAL FEDERAL, *MS 37.424*, Min. Carmen Lúcia, DJe n. 248, 13 out. 2020. Disponível em: https://www.stf.jus.br/arquivo/djEletronico/DJE_20201013_248.pdf. Acesso em: 31 out. 2020.

tribunais. Assim, o Acórdão condenatório se constitui em título executivo extrajudicial, de modo que enseja a propositura de ação de execução visando à satisfação do débito nele materializado. Disso decorre que as condenações produzidas pelos tribunais de contas são portadoras, desde o nascedouro, dos atributos da certeza, da liquidez e da exigibilidade.

Convém notar que a sanção pecuniária se constitui em um importante instrumento (mas não o único) de atuação das Cortes de Contas, o qual deve ser analisado com atenção à complexidade e dinamicidade inerentes às relações travadas com os jurisdicionados. As condenações impostas precisam ser levadas a cabo, com o devido adimplemento, produzindo resultados efetivos. O engajamento dos jurisdicionados quanto à observância do ordenamento jurídico depende, em muitos casos, da forma como ele percebe a atuação do agente controlador. Se este tem uma atuação frágil, produzindo condenações desprovidas de efetividade, corre-se o risco de desestimular o gestor público no que toca à diligência em seu agir. Desse modo, é muito importante assegurar que haja efetividade na realização dos respectivos pagamentos. Seguindo por esse caminho, então, percebe-se que o nível de satisfação dos débitos imputados pode servir como um elemento de aferição do comprometimento dos tribunais de contas no que toca ao combate à corrupção. Trata-se de uma análise importante, pois, se tais Cortes não conseguem ser efetivas na identificação de irregularidades, se não aplicam sanções e, principalmente, se não obtêm o adimplemento daquelas aplicadas, o caminho natural será concluir, por inferência, que não possuem uma atuação pautada pela atenção ao problema da corrupção. Se não há foco na apuração de ilícitos e na responsabilização dos respectivos agentes, resta evidente que tampouco haverá cuidado quanto ao combate das patologias corruptivas.

É necessário, também, ter em mente que tanto no caso da aplicação de sanções quanto no de imputação de débito por danos ao erário, a configuração do ato de corrupção estará intrinsecamente relacionada à análise das circunstâncias fáticas e do elemento anímico do agente. Isso significa que nem sempre uma irregularidade representará a efetiva existência de um ato de corrupção. A valoração da conduta do agente, mediante juízo de ponderação, fornecerá os elementos necessários para a identificação da existência ou não de corrupção. Para tanto, hão de ser sopesadas as circunstâncias do caso concreto.

Ademais, é importante notar, como afirmado, que as sanções não se restringem àquelas de natureza pecuniária. Exemplo disso é caso da inabilitação para o exercício de cargo em comissão ou função de confiança, no âmbito da Administração Pública, por um período de cinco a oito anos, penalidade prevista no artigo 60, da Lei Orgânica do Tribunal de Contas da União (Lei nº 8.443/92), e reiterada à generalidade no âmbito das demais Cortes de Contas. Para tanto, deve ocorrer o reconhecimento, por maioria absoluta do colegiado, a respeito da gravidade das irregularidades constatadas.

Outra sanção similar consiste na inabilitação para participação em licitações públicas por até cinco anos, quando identificada a ocorrência de fraude em processos dessa natureza (Lei nº 8.443/92, artigo 46). Mencione-se, contudo, que essa penalidade não se confunde com aquela preconizada pelos diplomas que regem as licitações em geral (artigo 87, inciso IV, da Lei nº 8.666/93, e artigo 156, inciso IV, da Lei nº 14.133/2021), a qual é de ser aplicada pela própria Administração licitante. E, naturalmente, a não aplicação da sanção na esfera da Administração não obsta sua aplicação na esfera de controle.

Face a todas as ponderações colacionadas, resta concluir que, no regime legal dos tribunais de contas, a competência para a aplicação de multas (que não se confunde com a competência para determinar a recomposição de danos ao erário) se traveste de considerável importância, uma vez que, como apontado, a inexistência de poder punitivo implicaria o esvaziamento da atividade de controle externo. Afinal, sem o receio de punição, haveria verdadeiro estímulo à prática de atos ilegais ou irregulares e, quanto àqueles já levados a efeito, a sensação de impunidade se constituiria em um fator de estímulo à sua reiteração.

3.5 Instrumentos processuais de utilidade para o combate à corrupção

Após o estudo do fenômeno da corrupção, da atividade de controle e do funcionamento dos tribunais de contas, importa estabelecer o ponto de contato entre tais temas, para o que é essencial conhecer dos instrumentos processuais que podem ser utilizados para o devido enfrentamento do problema. É necessário, assim, analisar o sistema de controle, na condição de potencial ator do combate à corrupção, à luz dos meios e instrumentos de que pode se valer para esse fim.

Para o exercício de seu múnus constitucional, é imprescindível que os tribunais de contas atuem de modo metódico, seguindo ritos previamente estabelecidos e delineados de forma lógica, visando à produção de resultados efetivos. E, para além do desiderato de atingir um resultado útil, levando a cabo o adequado exercício do controle externo, é imprescindível que essa atuação se paute pelos parâmetros constitucionalmente estabelecidos, com destaque para o *due process of law* (o princípio do devido processo legal), cuja vulneração pode inquinar os atos praticados de nulidade absoluta. A importância de se observar as normas processuais remonta às garantias subjacentes, mesmo no âmbito das Cortes de Contas.

É por essa razão que se afirma que "o devido processo legal tem como corolários a ampla defesa e o contraditório, que deverão ser assegurados aos litigantes, em processo judicial ou administrativo".[120] Na mesma linha, reiterando a necessidade de observância desse princípio nos procedimentos instaurados pelos tribunais de contas, afirma-se que também se caracterizam como seus corolários "a regularidade da publicidade e comunicação dos atos processuais, direito de defesa e de recurso."[121] É exatamente sob o manto do devido processo legal que foram construídos os instrumentos a serem empregados pelo controle externo no exercício de sua atividade finalística, definindo-se, aprioristicamente, desenhos procedimentais específicos e direcionados à obtenção dos resultados desejados em cada uma das áreas de competência definidas constitucionalmente.

Para esse fim, exerce o Tribunal de Contas da União sua capacidade de auto-organização, nos termos do artigo 73, *caput*, da Constituição Federal, que a ele remete a aplicação do artigo 96. É assim que, por força da simetria determinada pelo *caput* do artigo 75, do mesmo diploma, os demais tribunais detêm a prerrogativa de elaborar seus regimentos internos, com observância das normas de processo e das garantias processuais vigentes, dispondo sobre a competência e o funcionamento de seus órgãos.

Nesse passo, os tribunais de contas gozam da titularidade e do exercício do poder regulamentar, visando à expedição de atos normativos sobre matérias de sua atribuição e, também, sobre a organização dos processos a serem apreciados, com explícita referência à sua coercitividade em relação aos respectivos jurisdicionados. No exercício desse poder, podem os tribunais dispor a respeito da formação, tramitação, devolução à origem, extinção, suspensão e ordem dos processos, bem como quanto à definição dos respectivos prazos e procedimentos.

Em geral, o sistema dos tribunais de contas adota como regra a atribuição da presidência da instrução aos ministros e conselheiros (não se olvidando o papel dos auditores, também denominados

---

[120] MORAES, Alexandre de. *Direito constitucional*. 20. ed. São Paulo: Atlas, 2006. p. 94.

[121] FERNANDES, Jorge Ulisses Jacoby. *Tribunais de contas do Brasil*: jurisdição e competência. 2. ed. Belo Horizonte: Fórum, 2005. p. 589.

ministros e conselheiros substitutos). Nessa condição, incumbe-lhes assegurar a observância dos princípios do contraditório, da ampla defesa, da oficialidade, da verdade material, do formalismo moderado, da publicidade e da segurança jurídica. E, como já mencionado, guardadas as peculiaridades erigidas pelas normas de cada instituição, o procedimento normalmente se materializa mediante a apreciação técnica, seguida das manifestações do Ministério Público de Contas e da Auditoria, finalizando-se com a apreciação e julgamento pelo respectivo colegiado. Há que se mencionar, ainda, a sempre presente possibilidade de providências saneadoras, a realização de diligências e a interposição de recursos.

Visto isso, importa observar que, se o exercício do controle externo ocorre mediante a utilização do ferramental procedimental fornecido pela legislação a cada um dos tribunais de contas, resulta evidente a importância de tal aparato para o combate à corrupção. Assim, convém analisar tais instrumentos processuais, permitindo um vislumbre de sua aptidão para a obtenção de resultados úteis ao enfrentamento de atos que possam vir a ser qualificados como patologias corruptivas.

Quanto ao tema, é importante observar que não existe, até o momento, uma lei processual, de âmbito nacional, aplicável aos tribunais de contas. Em regra, cada tribunal possui sua própria lei orgânica e regimento interno, de modo que os instrumentos, ritos e procedimentos nem sempre serão idênticos. Isso, no entanto, não obsta a constatação quanto a uma certa uniformidade no tocante aos instrumentos proces-suais consagrados no âmbito do sistema dos tribunais de contas. Feita essa ressalva, é possível apresentar um desenho, em linhas gerais, dos instrumentos processuais usualmente empregados. Para tanto, a Lei Orgânica do Tribunal de Contas da União (Lei nº 8.443/92) e seu regimento interno podem ser utilizados de forma paradigmática, com as devidas adaptações às particularidades inerentes aos tribunais de contas dos demais entes federativos.

Em geral, no âmbito dos tribunais de contas, existem dois tipos de processos: de contas e de fiscalização. No primeiro caso, apresentam-se os seguintes subtipos: prestação de contas do chefe do Poder Executivo; prestação de contas; tomada de contas; e tomada de contas especial. No segundo, os subtipos são: atos de pessoal sujeitos a registro; inspeção; auditoria; levantamento; acompanhamento; monitoramento; denúncia; representação; e outros instrumentos que venham a se relacionar às competências dos tribunais. Delineiam-se, em linhas gerais, do modo a seguir apresentado.

a) Dos processos de contas

a.1 Prestação de contas do chefe do Poder Executivo

Este primeiro instrumento processual tem o escopo de possibilitar ao Tribunal de Contas a análise das contas anuais do presidente da República, do governador do Estado e do prefeito municipal, conforme o caso. É importante salientar, como já registrado, que o julgamento efetivo das contas é político e ocorre na esfera do Poder Legislativo, uma vez que se trata do titular do Poder Executivo, eleito pelo voto popular. Com efeito, é incumbência dos senadores, deputados federais, deputados estaduais e vereadores, na condição de representantes do povo, eleitos democraticamente, proceder ao juízo quanto à aprovação ou à reprovação das contas do Chefe do respectivo Poder Executivo.

Desse modo, aos tribunais de contas cabe, em auxílio ao Poder Legislativo, a realização de uma análise técnica, com a emissão de parecer prévio, o qual, contudo, não possui natureza vinculante. Uma vez encaminhado o parecer prévio, caberá ao respectivo Parlamento, segundo seus critérios, exercer a competência que lhe toca, procedendo ao julgamento devido.

Haja vista a natureza específica deste procedimento, o qual visa particularmente à emissão de um parecer técnico, não há, em regra, a aplicação de multas ou a imputação de débitos. Isso, no entanto, não afasta seu potencial para, em tese, revelar a existência de indícios e/ ou provas de atos que possam vir a ser qualificados como corrupção. Nessa análise é possível a constatação quanto ao descumprimento das disposições legais referentes à responsabilidade na gestão fiscal, bem como do restante plexo normativo de observância compulsória. Desse modo, eventual apontamento a esse respeito poderá subsidiar a instauração de procedimento de fiscalização específico, o que, de per si, demonstra a atenção que deve ser conferida pelos tribunais de contas por ocasião de sua apreciação.

a.2 Tomada e prestação de contas

O dever de prestar contas é inerente ao encargo de manter, operar e aplicar recursos alheios. Todos quantos se disponham a gerir valores ou bens pertencentes a outrem se sujeitam a esse dever. A própria Constituição Federal assim o reconhece, estabelecendo que prestará contas às pessoas física ou jurídica que utilizar, arrecadar, guardar, gerenciar ou administrar dinheiros, bens e valores públicos. É o que

CAPÍTULO 3
O TRIBUNAL DE CONTAS NO ENFRENTAMENTO À CORRUPÇÃO | 107

determina o parágrafo único, do artigo 70, em linha com a ideia de que a administração financeira e orçamentária, em virtude de sua repercussão direta no erário, "submete-se a maiores rigores de acompanhamento".[122] E, ainda que se trate de ente privado, a natureza pública do recurso gerido atrai a atuação do controle, tornando imprescindível sua atuação para assegurar a devida análise da necessária prestação de contas. Quanto a esta, impõe-se considerar que tem o desiderato de "possibilitar a verificação da regular aplicação dos recursos, à luz dos princípios da legalidade, legitimidade e economicidade".[123] Destina-se, outrossim, a subsidiar eventuais providências voltadas à reparação por prejuízos ao erário que venham a ser identificados.

Nessa linha, os gestores públicos de um modo geral e, particularmente, aqueles que atuam como ordenadores de despesa, prestam contas anualmente quanto a todos os recursos orçamentários e extraorçamentários que, sob sua responsabilidade, tenham sido arrecadados, utilizados ou geridos, mediante a apresentação de relatórios de gestão, certificados de auditoria do respectivo controle interno e pronunciamento da autoridade hierárquica máxima, demonstrando os atos e fatos de natureza orçamentária, financeira e patrimonial praticados, de modo a possibilitar, inclusive, a apreciação de sua conformidade com o Plano Plurianual (PPA), a LDO e a Lei Orçamentária Anual (LOA). Naturalmente, como referido, particulares que venham proceder a ajustes, convênios ou instrumentos congêneres, recebendo bens ou valores públicos, também se sujeitam a prestar contas, o que ocorrerá diretamente ao tribunal ou por meio do órgão público participante do acordo, a depender de sua natureza. Diferentemente das contas do Chefe do Poder Executivo, a prestação de contas das demais pessoas responsáveis por dinheiros e valores públicos implica verdadeiro exercício de jurisdição por parte do tribunal, não se limitando a uma simples apreciação técnica. A atuação da Corte, nesse caso, "resulta num ato jurídico equivalente a uma sentença, na medida em que declara a regularidade ou irregularidade da conduta de um agente, na guarda e/ou na aplicação dos recursos públicos".[124]

Vale esclarecer a distinção terminológica existente entre os termos "tomada" e "prestação" de contas. No primeiro caso, tratam-se das contas

---

[122] MEIRELLES, Hely Lopes. *Direito administrativo brasileiro*. 25. ed. São Paulo: Malheiros, 2000. p. 646.

[123] LIMA, Luiz Henrique. *Controle Externo*. Rio de Janeiro: Elsevier, 2007. p. 223.

[124] FERNANDES, Jorge Ulisses Jacoby. *Tribunais de contas do Brasil*: jurisdição e competência. 2. ed. Belo Horizonte: Fórum, 2005. p. 346.

prestadas por órgãos da Administração Direta. No segundo, a referência é à Administração Indireta e aos fundos especiais. De todo modo, em ambos os casos, via de regra as contas devem ser encaminhadas anualmente, no exercício seguinte ao ano de referência, a não ser que exista norma específica determinando o encaminhamento por listas ou por amostragem. Dada sua autonomia e poder regulamentar, cada tribunal pode estabelecer as minúcias do procedimento a ser observado em sua esfera de jurisdição.

Convém notar que, em processos dessa natureza, os tribunais, em geral, proferem decisões definitivas, de natureza meritória, ou, diversamente, decisões terminativas, hipótese em que entendem pelo trancamento das contas (quando forem iliquidáveis em razão de caso fortuito ou força maior) ou pelo arquivamento dos autos (por ausência de pressupostos de constituição e de desenvolvimento válido e regular do processo).

Quanto às decisões definitivas, as contas são julgadas regulares, regulares com ressalva ou irregulares. No primeiro caso, as contas expressam, de forma clara e objetiva, a exatidão dos demonstrativos contábeis, a legalidade, a legitimidade e a economicidade, ensejando a expedição de quitação aos responsáveis. No segundo, as contas se encontram em condição de aprovação, havendo, no entanto, falhas ou impropriedades, de cunho formal, que não tenham provocado danos ao erário. Assim, ao lado da quitação, tem lugar a notificação do responsável para que adote as medidas necessárias à correção das faltas identificadas, visando a evitar recidivas.

Finalmente, pode haver o julgamento pela irregularidade, o qual ocorre quando se constata a omissão no dever de prestar contas, a prática de ato de gestão ilegal, ilegítimo ou antieconômico, a infração a normas de natureza contábil, financeira, orçamentária, patrimonial ou operacional, a existência de danos ao erário e o desfalque ou o desvio de bens ou valores públicos.

No caso de irregularidade, é esperado que a deliberação do tribunal alcance a definição da responsabilidade e a determinação da citação para a apresentação de defesa ou o recolhimento da quantia devida, bem como demais medidas acessórias, como o encaminhamento de cópia, conforme o caso, à Advocacia-Geral da União, à Procuradoria da Fazenda Nacional, à Procuradoria-Geral do Estado, à Procuradoria do Município e, também, ao Ministério Público, para eventual persecução pela via judicial.

Saliente-se, como já afirmado, que a condenação levada a efeito pelos tribunais de contas enseja execução em juízo, uma vez que o

Acórdão se constitui em título executivo extrajudicial, dotado de certeza, liquidez e exigibilidade. Além disso, desde que haja expressa previsão legal, em se tratando de servidor público, é possível que o Tribunal determine o pagamento mediante desconto em folha. Não havendo essa possibilidade, tem lugar a inscrição do débito em dívida ativa, com a ulterior cobrança pela via judicial. De todo modo, por questão de racionalidade administrativa, é possível o simples arquivamento do processo quando se verifica que os custos da cobrança excedem o valor do prejuízo. Nesse caso, naturalmente, a expedição de quitação se sujeita à quitação do débito.

Por derradeiro, um dos efeitos mais relevantes do julgamento pela irregularidade das contas consiste no encaminhamento dos dados do responsável à Justiça Eleitoral, a quem cabe avaliar eventual pleito de declaração de inelegibilidade, nos termos da Lei Complementar nº 64/90. Essa temática já foi objeto de apreciação detalhada, em linhas pregressas.

a.3. Tomada de Contas Especial

A Tomada de Contas Especial é o procedimento administrativo destinado à apuração dos fatos, identificação dos responsáveis e quantificação do dano, devendo ser instaurada quando houver omissão no dever de prestar contas, quando não for comprovada a aplicação de recursos repassados pelo Estado, quando houver a constatação da ocorrência de desfalque ou desvio de bens ou valores públicos e, finalmente, quando restar evidenciada a prática de qualquer ato ilegal, ilegítimo ou antieconômico que resulte em dano ao erário.

Trata-se de um procedimento de controle realizado *a posteriori*,[125] dotado de duas fases distintas, ocorrendo a primeira delas, via de regra, no âmbito da própria Administração Pública (fase interna), enquanto a segunda (fase externa) se concretiza perante o Tribunal de Contas. Os objetivos dessas fases são assim delineados:

> (...) é, na fase interna, um procedimento de caráter excepcional que visa determinar a regularidade na guarda e aplicação de recursos públicos e,

---

[125] CARNEIRO, Ricardo; QUINTÃO, Cynthia Magalhães Pinto Godoi. A tomada de contas especial como instrumento de controle e fiscalização. *Revista de administração pública*. v. 49. n. 2. Rio de Janeiro, março/abril, 2015.

diante da irregularidade, na fase externa, um processo para julgamento da conduta dos agentes público.[126]

A autoridade administrativa tem o dever de adotar todas as providências necessárias para o devido ressarcimento e, após o esgotamento infrutífero dessas medidas, incumbe-lhe instaurar a Tomada de Contas Especial, sob pena de responsabilidade solidária, encaminhando os autos ao respectivo tribunal de contas, para a realização de sua fase externa, onde ocorre a instauração do contraditório e a sucessiva instrução processual.

Em regra, estabelece-se um valor de alçada para cada exercício, e, nos casos em que o dano é inferior a esse quantitativo, a Tomada de Contas Especial é anexada ao processo da Tomada ou Prestação de Contas Anual do gestor, para julgamento em conjunto.

Observa-se, também, que o procedimento pode ser instaurado pelo próprio tribunal, mediante simples conversão, especialmente quando constatada, em processo de fiscalização, a existência de dano ao erário. Essa conversão consiste na atribuição, ao processo em trâmite, de natureza jurídica diversa da originária. A título de exemplo, menciona-se uma inspeção ou uma auditoria realizada pelo tribunal. Se, ao cabo do procedimento, restar identificada a existência de dano, o colegiado disporá de duas alternativas: determinar ao órgão jurisdicionado que proceda à instauração de Tomada de Contas Especial, hipótese em que caberá a este a condução da fase interna; ou, diversamente, determinar a conversão da própria inspeção ou auditoria em Tomada de Contas Especial. Travestido dessa nova natureza, o procedimento assumirá, a partir de então, as características inerentes à fase externa.

Em qualquer caso, uma vez identificado o dano, presentes estarão os elementos necessários à autuação da Tomada de Contas Especial, de uma forma ou de outra. Dada sua finalidade precípua, consistente na obtenção do ressarcimento ao erário mediante a responsabilização do agente que lhe deu causa, trata-se de um dos procedimentos de maior proeminência no âmbito do controle externo. Isso revela sua importância para o combate à corrupção, uma vez que tem o condão de revelar a ocorrência de achaques ao patrimônio público.

---

[126] FERNANDES, Jorge Ulisses Jacoby. *Tomada de Contas Especial* – Processo e Procedimento na Administração Pública e nos Tribunais de Contas. 3. ed. Belo Horizonte: Fórum, 2005. p. 31-32.

Nessa linha, ao analisar as Tomadas de Contas Especiais, o tribunal de contas tem condições de diagnosticar a existência de atos que, causando prejuízos ao erário, venham a se subsumir, também, à tipificação construída pela Lei de Improbidade Administrativa. Assim, após o devido processo legal, uma vez apurada a existência do dano e identificados os respectivos responsáveis, incumbe ao tribunal encaminhar o conhecimento dos fatos à apreciação do Ministério Público, a quem caberá ajuizar, se for o caso, a competente ação de improbidade administrativa.

b) Dos processos de fiscalização

b.1 Atos de pessoal sujeitos a registro

A Constituição Federal confere ao Tribunal de Contas da União e, por simetria, aos demais tribunais de contas, competência para a apreciação da legalidade das concessões de aposentadorias, reformas e pensões, bem como dos atos de admissão de pessoal, na Administração Direta e Indireta, com exceção das nomeações para cargos de provimento em comissão. Quanto a estas últimas, a intervenção do controle é dispensada em virtude das peculiaridades inerentes à liberdade de escolha por parte da autoridade nomeante (a qual, diga-se, não é plena e irrestrita), bem como em razão da ausência de repercussões previdenciárias para o ente, uma vez que o servidor se encontrará vinculado ao Regime Geral.

Quanto às admissões, aposentadorias, reformas e pensões sujeitas a registro, constituem atos administrativos complexos e, como tais, dependem da análise do tribunal para que sejam juridicamente concluídas. A respeito do tema, é importante repisar o entendimento do Supremo Tribunal Federal, vazado na Súmula Vinculante nº 03, com o seguinte teor:

> Nos processos perante o Tribunal de Contas da União asseguram-se o contraditório e a ampla defesa quando da decisão puder resultar anulação ou revogação de ato administrativo que beneficie o interessado, excetuada a apreciação da legalidade do ato de concessão inicial de aposentadoria, reforma e pensão.

Nessa linha, a apreciação de referidos atos não demanda a instauração do contraditório. No entanto, reitera-se o que foi mencionado anteriormente, quanto ao Tema 445, do Supremo Tribunal Federal, no sentido de que "os tribunais de contas estão sujeitos ao prazo de 5 anos para o julgamento da legalidade do ato de concessão inicial de aposentadoria, reforma ou pensão, a contar da chegada do processo à respectiva Corte de Contas."

b.2 Inspeção, auditoria, levantamento, acompanhamento e monitoramento

Os instrumentos tratados no presente tópico são aqueles cuja utilização, em geral, é mais aplicada pelos tribunais de contas no exercício das atividades de fiscalização.

A inspeção se destina à supressão de omissões e lacunas, ao esclarecimento de dúvidas e à apuração de denúncias ou representações quanto à legalidade, à legitimidade e à economicidade de atos administrativos e fatos da Administração. Trata-se de um instrumento bastante útil para a atividade de controle, haja vista a flexibilidade em sua realização, a qual ocorre conforme a demanda, independentemente de programação.

Quanto à auditoria, trata-se de processo de fiscalização de amplo espectro. Pode ser programada (quando incluída no plano de fiscalização), especial (decorrente de situações particulares não previstas no plano de fiscalização) ou de irregularidade (quando, no exercício de suas atividades, o tribunal identificar ilícitos suscetíveis de provocar danos ao erário). Seu escopo consiste no exame da legalidade, da legitimidade e da economicidade dos atos de gestão, quanto aos aspectos contábil, financeiro, orçamentário, patrimonial e operacional, bem como na avaliação de desempenho de órgãos, sistemas, programas, projetos e atividades governamentais.

No que se refere ao levantamento, destina-se ao conhecimento da organização e funcionamento dos órgãos da Administração Direta e Indireta, bem como dos sistemas, programas, projetos e atividades governamentais, particularmente quanto aos aspectos contábeis, financeiros, orçamentários, operacionais e patrimoniais. Tais informações são importantes para a definição quanto a ações, atos e fatos passíveis de fiscalização, permitindo avaliar sua viabilidade e subsidiar seu planejamento.

CAPÍTULO 3
O TRIBUNAL DE CONTAS NO ENFRENTAMENTO À CORRUPÇÃO | 113

No que se refere ao acompanhamento, tem o escopo de possibilitar o cumprimento do plano de fiscalização, visando à análise da legalidade e da legitimidade dos atos de gestão quanto aos aspectos contábil, financeiro, orçamentário e patrimonial, bem como a avaliação do desempenho dos órgãos, projetos, sistemas, atividades e programas, especialmente no que toca à economicidade, eficiência e eficácia dos atos praticados.

Finalmente, o monitoramento tem o objetivo de fiscalizar o cumprimento das decisões oriundas do tribunal, assim como os respectivos resultados. Sujeitam-se, assim, a esse procedimento, as determinações e recomendações direcionadas aos jurisdicionados, as medidas cautelares adotadas e, também, os compromissos assumidos mediante Termo de Ajustamento de Gestão (TAG). O monitoramento é, desse modo, um importante instrumento para a atividade de controle externo, pois favorece sua efetividade e contemporaneidade, contribuindo para a correção de irregularidades e o aprimoramento da gestão pública.

b.3 Denúncia e representação

A denúncia e a representação são processos de fiscalização que representam, potencialmente, instrumentos relevantíssimos para o combate à corrupção, uma vez que possibilitam a terceiros levar ao conhecimento do controle externo a existência de atos ilícitos ou irregularidades passíveis de apuração. Tendo em vista a impossibilidade material de auditar integralmente todas as esferas da Administração Pública, por vezes a ciência a respeito de malfeitos somente pode ocorrer mediante a voluntária manifestação de outros elementos do sistema de controle ou, até mesmo, de pessoas alheias a esse universo.

Via de regra, a legitimidade para a apresentação de Denúncia é ampla, sendo lícito a qualquer cidadão fazê-lo. Além disso, admite-se também a iniciativa por parte de partido político, associação ou sindicato.

Já no que toca à representação, em regra se estabelece um rol mais restrito e casuístico, conferindo-se legitimidade ativa, em geral, a instituições como o Ministério Público, a órgãos de controle interno, a membros dos poderes, a servidores públicos, a outros tribunais de contas, a equipes de inspeção ou auditoria, bem como às unidades técnicas do próprio tribunal. Admite-se, também, a iniciativa de outras pessoas físicas ou jurídicas, desde que baseada em disposição legal expressa. Exemplo disso é o caso do licitante ou do contratado que, por força do § 1º, do artigo 113, da Lei nº 8.666/93, bem como do § 4º, do artigo 170, da Lei nº 14.133/21, pode representar aos tribunais de contas contra irregularidades nas licitações e contratações públicas.

Quanto à denúncia, a praxe é o processamento em regime de sigilo, de modo que sejam preservados os dados inerentes à qualificação de seu autor, o qual não se sujeita a sanções em caso de improcedência, exceto se houver comprovação de má-fé.

Dada sua amplitude probatória, tanto a Denúncia como a Representação podem ensejar o conhecimento de situações que possam vir a ser qualificadas como corrupção, levando a desdobramentos importantes, como a conversão em Tomada de Contas Especial, a aplicação de sanções, a sustação da execução de atos irregulares e o encaminhamento dos fatos ao conhecimento de instâncias externas, como o Ministério Público e as Procuradorias dos entes federativos.

b.4 Outros instrumentos

O estudo dos instrumentos processuais acima mencionados não exclui a existência de outros, os quais existem e se colocam como meios de realização da atividade finalística de cada tribunal de contas, muito embora não se revistam de relevância para o escopo do combate à corrupção. Afinal, por sua natureza, não revelam potencial para o diagnóstico de atos que possam vir a ser qualificados como tais, servindo, muitas vezes, como elementos indutores da instauração de algum daqueles procedimentos enumerados anteriormente.

É o caso, por exemplo, de instrumentos meramente acessórios, informativos ou declaratórios, como o movimento contábil de execução orçamentária e financeira, o relatório de gestão fiscal, o acompanhamento de concurso público, o relatório resumido de execução orçamentária e financeira, a consulta e o incidente de uniformização de jurisprudência.

3.6 Os diferentes vieses da atuação dos tribunais de contas

Um ponto interessante a ser anotado consiste na postura que os tribunais de contas podem adotar quando, no exercício de sua atividade fim, se deparam com a existência de irregularidades. A aplicação de sanções, como visto, é um elemento primordial. No entanto, não raras vezes o agir das Cortes de Contas pode assumir um viés eminentemente pedagógico. Em tais casos, os tribunais se valem de seus instrumentos processuais para orientar os jurisdicionados quanto a adequações, quer sejam pontuais, quer sejam direcionadas à gestão de um modo mais amplo.

Ressalte-se que não se trata, aqui, do exercício da atividade educacional voltada à capacitação e aprimoramento de servidores e jurisdicionados, como ocorre no âmbito das escolas de contas existentes nos tribunais em geral. Tais escolas desenvolvem importantes atribuições, viabilizando a realização de cursos, graduações, oficinas, seminários e afins, com vistas ao incremento do cabedal teórico e prático daqueles que militam na atividade de controle. Isso ocorre administrativamente, na esfera da atividade-meio das Cortes de Contas. O aprimoramento proporcionado por tais escolas, sem dúvida, pode resultar em quadros mais qualificados para o exercício do controle. E, na outra ponta, também favorece a atuação dos gestores, os quais se capacitam para que o exercício de suas atribuições ocorra em conformidade com os padrões exigidos pela legislação.

Diversamente, quando nos referimos à atuação pedagógica e orientativa dos tribunais, o campo em questão está relacionado às suas atividades finalísticas, levando-se a efeito no bojo dos processos de contas e de fiscalização. É assim que, por exemplo, em uma auditoria realizada no setor de convênios da Administração Pública, ao identificar irregularidades que não sejam consideradas graves, o colegiado se limita a expedir recomendação voltada ao implemento de um sistema de acompanhamento da conformidade jurídica, econômica, fiscal e administrativa dos convenentes. Também, a título de exemplo, podemos mencionar a fiscalização de um processo licitatório no âmbito da Secretaria de Educação, destinando-se o certame à expansão física da rede de ensino, hipótese em que o tribunal vem a orientar o gestor quanto à importância da realização de estudos técnicos destinados à aferição das taxas de crescimento da população com idade escolar. Em ambos os casos, mais do que a penalização dos gestores por eventuais equívocos, a atuação do controle externo se direciona ao aprimoramento da atividade administrativa.

Essa postura contribui para o aperfeiçoamento da gestão pública e se mostra compatível com os princípios da proporcionalidade, da razoabilidade e da segurança jurídica. De igual modo, verifica-se que, ao favorecer a melhoria na gestão dos serviços públicos, impregnando o gestor do sentimento de que o controle está atento aos seus passos, essa atuação tem o condão de propiciar um ambiente de comprometimento institucional e de desestímulo à prática da corrupção. Quanto a essa percepção, vale a pena mencionar a seguinte lição, pois elucidativa:

> A corrupção não mais pode ser considerada nos estritos campos da criminologia. (...) A postura pedagógica da ação de controle, tantas vezes enaltecida como finalidade mais nobre do controle, tem espaço, tempo e destinatário determinado. É possível sustentar que o efeito pedagógico também existe no combate à impunidade.
>
> A crença na capacidade do controle de orientar e do controlado de aprender é a percepção de que essa atividade – controle – constitui apenas uma etapa do processo decisório, a última que completa a ação, a primeira que redireciona os esforços. Por isso, a punição somente se evita quanto ausente a má-fé, sendo possível e factível uma mudança. O *ethos* que aponta o caminho do bem; o controlador que tem motivo para ter esperança; o controlado com a vontade do aprimoramento; cada qual, a seu modo, com a percepção do interesse público e da sua menor dimensão frente ao todo.[127]

Diante disso, deve-se reconhecer que, para além da aplicação de sanções, o combate à prática da corrupção também se constrói mediante uma atuação orientativa e pedagógica das Cortes de Contas, induzindo ao aprimoramento da gestão pública e dos mecanismos relacionados à atividade administrativa em geral, o que propicia a existência de um ambiente onde práticas escusas não encontram espaço para crescer. Com efeito, a aplicação do viés pedagógico no exercício do controle é boa medida, não se nega. No entanto, é necessário evitar exageros. A atuação pedagógica deve prevalecer sempre que necessário, contudo, *cum grano salis*,[128] evitando-se que esse agir orientativo venha a se converter em uma indesejável e deletéria postura complacente.

Por certo, as intervenções do controle para o aprimoramento da gestão pública, com a expedição de recomendações, contribuem para o estabelecimento de um ambiente onde a corrupção não encontra meios para crescer. De outro lado, o combate à corrupção deve ser levado a efeito com a consciência de que os efeitos dissuasórios da atuação repressiva muitas vezes serão aqueles providos de maior eficiência, ensejando resultados mais apurados e precisos.

---

[127] FERNANDES, Jorge Ulisses Jacoby. *Tribunais de contas do Brasil*: jurisdição e competência. 2. ed. Belo Horizonte: Fórum, 2005. p. 754.

[128] Isto é, com reserva ou parcimônia.

CONSIDERAÇÕES FINAIS

O espírito que deve nortear a atuação de todos quantos procuram contribuir, de algum modo, para a construção de uma nação próspera e justa é o da primazia do interesse coletivo. Nada há de mais prejudicial do que o sentimento egoístico daqueles que almejam construir suas conquistas às custas do sacrifício alheio. Em um país que se pretende civilizado, o individualismo exacerbado solapa as expectativas daqueles que anseiam pela coexistência em um espaço propiciador de condições para que as pessoas venham a desenvolver todas as suas potencialidades. Quando o pensamento é voltado para o bem comum, somam-se as individualidades de modo que todos ganham e ninguém perde. De outro lado, a corrupção é um mal em que viceja a sobreposição do interesse individual ao coletivo, originando-se um verdadeiro latifúndio, no qual apenas alguns ganham, mas a imensa maioria perde. Enquanto alguns se enriquecem desmesuradamente, outros sobrevivem às custas de sacrifícios incalculáveis. Alguns recebem porção dobrada e sacudida, ao passo que outros dobram os joelhos à procura de migalhas.

Disso decorre a relevância do combate à corrupção. Enquanto os desvios decorrentes dessa prática tão comum continuarem a ocupar a realidade nacional, não haverá espaço para uma verdadeira agenda republicana. Afinal, como é natural, é necessário que o respeito à coisa pública se espraie pelas individualidades que compõem a nação, oferecendo um ambiente favorável à consecução do bem comum. Não se pode conceber a existência da República de forma desvinculada da sua causa de existir, conquanto esta se baseie exatamente na concretização dos objetivos fundamentais delineados pelo traçado constitucional, quais sejam: a construção de uma sociedade justa, livre e solidária; a garantia do desenvolvimento nacional; a erradicação da pobreza e da marginalização; a redução das desigualdades e, finalmente, a promoção do bem de todos, sem preconceitos de origem, raça, sexo, cor, idade e quaisquer outras formas de discriminação. Nada mais claro e elucidativo quanto aquilo que se pretende alcançar quando se tem em vista os valores republicanos. E, acredita-se, ninguém ousará apresentar objeções à afirmação de que o combate à corrupção é uma tarefa indispensável para a efetivação de tais objetivos.

Com efeito, nessas despretensiosas linhas, sem descurar quanto à incompletude da tarefa de tentar delinear um conceito preciso, restou assente a visão da corrupção como um fenômeno social, político e jurídico, que representa o desrespeito à ética, à moral e à norma, mediante a submissão do bem público ao interesse particular, via de regra almejando a obtenção de vantagem indevida, para si ou para outrem, com vulneração direta ou indireta dos direitos fundamentais, mediante prejuízo, ainda que potencial, à capacidade do Estado para a realização das prestações devidas à população. Ao nos atentarmos para os efeitos danosos desse mal que assola a sociedade brasileira, vulnerando os direitos fundamentais, percebe-se a necessidade de vigilância constante por parte dos órgãos aos quais a Constituição Federal atribuiu competências, instrumentos e meios para o seu combate. E, não apenas isso, é primordial o aprimoramento constante das medidas voltadas a esse mister.

Essa instrumentalidade é de suma importância, ainda mais quando se sabe que o Brasil ocupa um espaço indesejado da modernidade periférica, encontrando-se nitidamente do lado de lá das linhas abissais que dividem o mundo entre os estados que atendem às legítimas necessidades de suas populações e aqueles que se qualificam pela nota das expectativas frustradas. É assim que se mostra necessário superar o nominalismo constitucional, dando, pois, vazão efetiva ao cumprimento dos preceitos definidores dos objetivos republicanos, o que é imprescindível para oferecer concreção aos direitos fundamentais, os quais se escoram, em última instância, no princípio fundante da dignidade da pessoa humana.

Para tanto, as instituições de controle, preconizadas pelo modelo constitucional vigente, precisam deixar o papel e adentrar na realidade onde a luta contra a corrupção se desencadeia por intermédio de batalhas diárias, custosas e desgastantes. Meios e instrumentos para tanto existem. Como demonstrado, ao lado de outros atores desse intrincado tablado, o tribunal de contas se apresenta como uma instituição dotada de competências suficientes para contribuir de forma relevante. Nessa vereda, o exercício da atividade de controle, mediante o adequado manejo das figuras procedimentais prodigamente desenhadas, assume grande importância para a identificação dos atos de corrupção, para a qualificação e para a responsabilização de seus responsáveis e, ainda, para a indispensável recomposição do erário. Essa atuação por vezes pedagógica, por vezes repressiva, quando devidamente levada a efeito, tem potencial para colocar termo a práticas corruptivas já instaladas e, também, prevenir aquelas que ainda se encontram em fase de gestação. É assim que, com uma postura atenta e diligente, pode e deve o sistema dos tribunais de contas empregar toda a sua potência para fazer frente a essa demanda que se apresenta cotidianamente, qual seja, a de não apenas verberar, mas também de confrontar o demônio da corrupção. Espera-se que, em um futuro não tão distante, esse mal tenha sido exorcizado, gozando as gerações vindouras de uma vivência coletiva da qual possam vir a se orgulhar. Certamente, ainda há um longo caminho a ser percorrido nessa direção. Trata-se de uma longa e perene jornada, a qual deve ser levada a efeito com a consciência de que, nessa duríssima guerra, somente com o esforço de todos é possível vencer as batalhas diárias contra a corrupção.

REFERÊNCIAS

ADEODATO, João Maurício. *Uma teoria retórica da norma jurídica e do direito subjetivo*. 2. ed. São Paulo: Noeses, 2015.

ALEXY, Robert. *Teoria dos direitos fundamentais*. São Paulo: Malheiros, 2008.

ALTOUNIAN, Cláudio Sarian; NARDES, João Augusto Ribeiro; VIEIRA, Luis Afonso Gomes. *Governança pública*: o desafio do Brasil. Belo Horizonte: Fórum, 2018.

ANSARI, Shaz; CASTRO, Armando. Contextual readiness for institutional work: a study of the fight against corruption in Brazil. *Journal of management inquiry*, v. 26, 2017.

ASSOCIAÇÃO DOS MEMBROS DOS TRIBUNAIS DE CONTAS DO BRASIL. *Contribuições da Atricon para combater a corrupção no Brasil*. Disponível em: https://www.atricon.org. br/wp-content/uploads/2015/03/NotaCorrupcao_Atricon.pdf. Acesso em: 25 jun, 2019.

ARAÚJO, Cicero; BELINELLI, Leonardo; SINGER, André. *Estado e democracia*. Rio de Janeiro: Zahar, 2021.

BAEZ, Narciso Leandro Xavier. Morfologia dos direitos fundamentais e os problemas metodológicos da concepção de dignidade humana em Robert Alexy. In: ALEXY, Robert; BAEZ, Leandro Xavier; DA SILVA, Rogério Luiz Nery (org.). *Dignidade humana, direitos sociais e não positivismo inclusivo*. Florianópolis: Qualis, 2015.

BANERJEE, Abhijit; REMA Hanna; SENDHIL, Mullainathan. 2012. *Corruption*. HKS Faculty Research Working Paper Series RWP12-023, John F. Kennedy School of Government, Cambridge: Harvard University, 2012.

BARCELOS, Júlia Rocha; SILVA, Adriana Campos; STUDART, Paulo Henrique de Mattos. Corrupção e reforma política. In: FORTINI, Cristiana (coord.). *Corrupção e seus múltiplos enfoques jurídicos*. Belo Horizonte: Fórum, 2018.

BARRETO, Waléria da Cruz Sá. O fortalecimento do Tribunal de Contas e a busca de um novo sistema de combate à corrupção. *Revista Controle*, Belo Horizonte, v. 10, n. 1, jan./jun 2012.

BARROSO, Luís Roberto. *A dignidade da pessoa humana no direito constitucional contemporâneo*: natureza jurídica, conteúdos mínimos e critérios de aplicação. Disponível para consulta no sítio https://www.luisrobertobarroso.com.br/wp-content/uploads/2010/12/ Dignidade_texto-base_11dez2010.pdf. pg. 11. Acesso em: 17 jun. 2020.

BARROSO, Luís Roberto. *Curso de direito constitucional contemporâneo*. Rio de Janeiro: Forense, 2010.

BERTOLIN, Patrícia Tuma Martins; SMANIO, Gianpaolo Poggio (Org.). *O Direito e as políticas públicas no Brasil*. São Paulo: Atlas, 2013.

BITTAR, Eduardo C. B. *Curso de ética jurídica*: Ética geral e profissional. 14. ed. São Paulo: Saraiva, 2018.

BOBBIO, Norberto. *Teoria da norma jurídica*. 6. ed. São Paulo: Edipro, 2016.

BOBBIO, Norberto. *A era dos direitos*. Rio de Janeiro: Elsevier, 2004.

BONIFÁCIO, Robert. A afeição dos cidadãos pelos políticos mal-afamados: identificando os perfis associados à aceitação do "rouba, mas faz" no Brasil. *Opinião Pública*, v. 19, n. 2, Campinas, nov. 2013.

BONIFÁCIO, Robert; RIBEIRO, Ednaldo. Corrupção e participação política no Brasil: diagnósticos e consequências. *Revista Brasileira de Ciência Política*, n. 20, Brasília, maio/ago. 2016.

BOTTINI, Pierpaolo Cruz; MOURA, Maria Thereza de Assis (Org.). *Colaboração premiada*. São Paulo: Revista dos Tribunais, 2017.

BRANCO, Paulo Gustavo Gonet; COELHO, Inocêncio Mártires; MENDES, Gilmar Ferreira. *Curso de direito constitucional*. São Paulo: Saraiva, 2007.

BRITTO, Cezar. Corrupção e Estado Democrático de Direito. *Fórum Administrativo – Direito Público – FA*, Belo Horizonte, ano 9, n. 100, jun. 2009.

CANOTILHO, J. J. Gomes. *Direito constitucional e teoria da Constituição*. 7. ed. Coimbra: Almedina, 2020.

CARNEIRO, Ricardo; QUINTÃO, Cynthia Magalhães Pinto Godoi. A tomada de contas especial como instrumento de controle e fiscalização. *Revista de administração pública*. v. 49. n. 2. Rio de Janeiro. março/abril, 2015.

CARVALHO FILHO, José dos Santos. *Manual de direito administrativo*. 17. ed. Rio de Janeiro: Lumens Iuris, 2007.

CASTRO, Flávio Régis Xavier de Moura e. Os órgãos regionais de controle e a luta contra a corrupção. *Fórum Administrativo – Direito Público – FA*, Belo Horizonte, ano 2, n. 13, mar. 2002.

CAVALCANTE, Rafael Jardim. Legalidade: Combate à corrupção e compliance na era digital. In: OLIVEIRA, Aroldo Cedraz (Coord.). *O controle da Administração na era digital*. Belo Horizonte: Fórum, 2016.

CHOUKR, Fauzi Hassan; JAPIASSÚ, Carlos Eduardo Adriano. O enfrentamento da corrupção no cenário de globalização e regionalização. *Fórum Administrativo – FA*, Belo Horizonte, ano 12, n. 132, fev. 2012.

CLAUSEN, Michael. Corruption and democracy in Brazil: an interview with Prof. Dr. Timothy Power. *Journal for Brazilian Studies*. v. 1, n.1, Sept. 2012.

CORDEIRO, Margalene Cavalcante. O poder das instituições de controle no fortalecimento da democracia brasileira. *Interesse Público – IP*, Belo Horizonte, ano 7, n. 31, mai-jun. 2005.

COUTINHO, Doris de Miranda. *O ovo da serpente*: as razões que levaram a corrupção a se alastrar pelo Brasil. A frustração dos órgãos de controle no combate aos malfeitos. A relevância do papel do cidadão na fiscalização dos gastos dos governantes para se consolidar uma nova ética pública. Belo Horizonte: Fórum, 2016.

DA CONCEIÇÃO, Lourivaldo. *Curso de direitos fundamentais*. Campina Grande: EDUEPB, 2016.

REFERÊNCIAS | 123

DA COSTA, Paulo Jorge Nogueira. *O Tribunal de Contas e a boa governança*: Contributo para uma reforma do controlo financeiro externo em Portugal. Coimbra: Universidade de Coimbra, 2012.

DA SILVA, José Afonso. *Curso de direito constitucional positivo*. 14. ed. São Paulo: Malheiros, 1997.

DA SILVA, Moacir Marques. *Controle externo das contas públicas*: os processos nos Tribunais de Contas do Brasil. São Paulo: Atlas, 2014.

DA SILVA, Rogério Luiz Nery; MASSON, Daiane Garcia. Direitos sociais e dignidade da pessoa humana: reflexões a partir do conceito de mínimo existencial. In: ALEXY, Robert; BAEZ, Leandro Xavier; DA SILVA, Rogério Luiz Nery (org.). *Dignidade humana, direitos sociais e não positivismo inclusivo*. Florianópolis: Qualis, 2015.

DALL'OLIO, Leandro Luis dos Santos. A fiscalização e o papel pedagógico dos tribunais de contas: um olhar sobre a agenda 2030 da ONU. *Cadernos da Escola Paulista de Contas Públicas*. São Paulo. 2 sem. 2018.

DE ALMEIDA, Walisson Alan Correia. O TCU e o combate à fraude e corrupção: perspectivas. *Fórum de Contratação e Gestão Pública – FCGP*, Belo Horizonte, ano 15, n. 177, set. 2016.

DE MENEZES, Aderson. *Teoria geral do Estado*. 7. ed. São Paulo: Forense, 1995.

DE PAULA, Marco Aurélio Borges; CASTRO, Rodrigo Pironti Aguirre (Coord.). *Compliance, gestão de riscos e combate à corrupção*. Belo Horizonte: Fórum, 2018.

DEMATTÉ, Flávio Rezende. *Responsabilização de pessoas jurídicas por corrupção*: A Lei nº 12.846/2013. Belo Horizonte: Fórum, 2015.

DIAS, Maria Teresa Fonseca; TORCHIA, Bruno Martins. A necessidade de harmonização das esferas do poder punitivo estatal (administrativa e penal) no combate à corrupção. In: FORTINI, Cristiana. *Corrupção e seus múltiplos enfoques jurídicos*. Belo Horizonte: Fórum, 2018.

DI PIETRO, Maria Sylvia Zanella. *Direito administrativo*. 16. ed. São Paulo: Atlas, 2003.

DO NASCIMENTO, Melillo Dinis. O controle da corrupção no Brasil e a Lei nº 12.846/2013 – Lei Anticorrupção. *Revista Brasileira de Direito Municipal – RBDM*, Belo Horizonte, ano 17, n. 60, abr./jun. 2016.

DOS REIS, Jair Teixeira. *Controle externo da administração pública na constituição federal*. Revista de Direito da Faculdade Guanambi. v. 4, n. 2, julho-dez. 2017.

DWORKIN, Ronald. *Levando os direitos a sério*. Tradução de Nelson Boeira. 3. ed. São Paulo: WMF Martins Fontes, 2020.

DWORKIN, Ronald. *Freedom's law*: The moral reading of the constitution. Cambridge: Harvard University Press, 1996.

EPSTEIN, Lee; KING, Gary. *Pesquisa empírica em direito*: as regras de inferência. São Paulo: Direito GV, 2013.

FERNANDES, Eric Baracho Dore. A efetividade do controle externo das contas públicas: elementos teóricos e práticos de otimização do controle exercido pelos Tribunais de Contas. *Revista Brasileira de Direito Público – RBDP*, Belo Horizonte, ano 10, n. 37, abr./jun. 2012.

FERNANDES, Jorge Ulisses Jacoby. *Tomada de contas especial* – Processo e Procedimento na Administração Pública e nos Tribunais de Contas. 3. ed. Belo Horizonte: Fórum, 2005.

FERNANDES, Jorge Ulisses Jacoby. *Tribunais de contas do Brasil:* jurisdição e competência. 2. ed. Belo Horizonte: Fórum, 2005.

FERRAZ JUNIOR, Tércio Sampaio. *Teoria da norma*: Ensaio de Pragmática da Comunicação Normativa. 5. ed. São Paulo: Atlas, 2016.

FERRAZ JUNIOR, Tércio Sampaio. *Introdução ao estudo do direito*: técnica, decisão dominação. 9. ed. São Paulo: Atlas, 2016.

FERREIRA, Daniel. Sanções administrativas: entre direitos fundamentais e democratização da ação estatal. *Revista de Direitos Fundamentais e Democracia*, Curitiba, v. 12, n. 12, p. 167-185, julho/dez. 2012.

FERREIRA FILHO, Manoel Gonçalves. *Curso de direito constitucional*. 41. ed. Rio de Janeiro: Forense, 2020.

FILGUEIRAS, Fernando. A tolerância à corrupção no Brasil: uma antinomia entre normas morais e prática social. *Opinião pública*, Campinas, v. 15, n. 2, nov. 2009.

FORTINI, Cristiana (Coord). *Corrupção e seus múltiplos enfoques jurídicos*. Belo Horizonte: Fórum, 2018.

FORTINI, Cristiana; MOTTA, Fabrício. Corrupção nas licitações e contratações públicas: sinais de alerta, segundo a Transparência Internacional. *Revista de Direito Administrativo & Constitucional*, Belo Horizonte, ano 16, n. 64, p. 93-113, abr./jun. 2016.

FORTINI, Cristiana; SHERMAM, Ariane. Governança pública e combate à corrupção: novas perspectivas para o controle da Administração Pública brasileira. *Interesse Público – IP*, Belo Horizonte, ano 19, n. 102, mar./abr. 2017.

FÓRUM ECONÔMICO MUNDIAL. *The global competitiveness report 2071-2018*. Disponível em <http://reports.weforum.org/global-competitiveness-index-2017-2018>. Acesso em: 24 ago. 2018.

FREITAS, Juarez. *Discricionariedade administrativa e o direito fundamental à boa administração pública*. 2. ed. São Paulo: Malheiros, 2009.

FURTADO, Lucas Rocha. *Curso de direito administrativo*. Belo Horizonte: Fórum, 2007.

FURTADO, Lucas Rocha. *As raízes da corrupção no Brasil*: Estudo de casos e lições para o futuro. Belo Horizonte: Fórum, 2015.

FURTADO, Lucas Rocha. *Brasil e corrupção*: Análise de casos (inclusive a Lava Jato). Belo Horizonte: Fórum, 2018.

FUX, Luiz. *Jurisdição constitucional II*. Belo Horizonte: Fórum, 2017.

GASPARINI, Diogenes. *Direito administrativo*. 9 ed. São Paulo: Saraiva, 2004.

GODOY, Arilda Schmidt. Introdução à pesquisa qualitativa e suas possibilidades. *Revista de Administração de Empresas*, São Paulo, v. 35, n. 2, p. 57-63, Mar./Abr. 1995.

GOMES, Laurentino. *1808*. São Paulo: Planeta, 2007.

GOMES, Orlando. *Obrigações*. 15. ed. Rio de Janeiro: Forense, 2000.

REFERÊNCIAS | 125

GONÇALVES, Carla Maria Barreto; EHRICH, Carlos Henrique de Castro. Os Tribunais de Contas e as inovações no exercício do controle externo e o seu caráter preventivo. *Revista Controle*, Belo Horizonte, v. 7, n. 2, dez. 2009.

GRAU, Eros Roberto. *Ensaio e discurso sobre a interpretação/aplicação do direito*. São Paulo: Malheiros, 2003.

HART, H.L.A. *O conceito de direito*. São Paulo: Martins Fontes, 2018.

HEINEN, Juliano. *Comentários à Lei Anticorrupção:* Lei nº 12.846/2013. Belo Horizonte: Fórum, 2015.

HOBBES, Thomas. *Leviatã*. Tradução de Rosina D'Angina. São Paulo: Martin Claret, 2014.

INTERNATIONAL MONETARY FUND – IMF. Fiscal Affairs and Legal Departments. *Corruption*: Costs and mitigating strategies. IMF staff discussion note n. 16.05, may 2016.

INTERNATIONAL ORGANIZATION OF SUPREME AUDIT INSTITUTIONS – INTOSAI. Rechnungshof. *Declaração de Lima*. Aprovada em 1977. Disponível em: file:///C:/Users/TCE/Downloads/___sarq_prod_Unidades_Semec_DIRAUD_2016_Issai_Tradu__o%20nivel%20 1%20e%202_%20Issai_Issais%201_2_Vers_o%20final%20PDF_ISSAI_1_Declara__o%20 de%20Lima%20(1).pdf. Acesso em: 12 fev. 2020.

JUNIOR, Salomão Ribas. Corrupção pública e privada. Quatro aspectos: ética no serviço público, contratos, financiamento eleitoral e controle. Belo Horizonte: Fórum, 2014.

LAKATOS, Eva Maria; MARCONI, Marina de Andrade. *Fundamentos de metodologia científica*. 8. ed. São Paulo: Atlas, 2017.

LEAL, Rogério Gesta. Os descaminhos da corrupção e seus impactos sociais e institucionais: causas, consequências e tratamentos. *Interesse Público – IP*, Belo Horizonte, ano 14, n. 74, jul./ago. 2012.

LEITE, George Salomão; STRECK, Lenio; JUNIOR, Nelson Nery (Org.). *Crise dos poderes da república*: judiciário, legislativo e executivo. São Paulo: Revista dos Tribunais, 2017.

LEITE, Glauco Costa. *Corrupção política*: Mecanismos de combate e fatores estruturantes no sistema jurídico brasileiro. Belo Horizonte: Del Rey, 2016.

LEITE, Marcello Costa e Silva. A importância dos Tribunais de Contas no combate à corrupção. *Revista Controle*, Belo Horizonte, Ano. 13, n. 2, jun./dez. 2015.

LIBERATI, Wilson Donizeti. *Políticas públicas no estado constitucional*. São Paulo: Atlas, 2013.

LIMA, Luiz Henrique. *Controle Externo*. Rio de Janeiro: Elsevier, 2007.

LOCKE, John. *Dois tratados sobre o governo*. Tradução de Julio Fischer. São Paulo: Martin Claret, 1998.

LORENTE, Vitória Marques. Corrupção no Brasil e estratégias de combate. *Revista Brasileira de Estudos da Função Pública*, Belo Horizonte, ano 5, n. 14, maio/ago. 2016.

LOURENÇO, Leonardo de Figueiredo; LOURENÇO, Luanda Maria de Figueiredo. O controle, a informação e a educação como instrumentos de prevenção à corrupção. *Revista Controle*, Belo Horizonte, v. 7, n. 2, dez. 2009.

LUHMANN, Niklas. *Sistemas sociais*: esboço de uma teoria geral. Tradução de Antônio C. Luz Costa, Roberto Dutra Torres Junior e Marco Antonio dos Santos Casanova. Petrópolis: Vozes, 2016.

LUHMANN, Niklas. *Teoria dos sistemas na prática*: estrutura social e semântica. Tradução de Patrícia da Silva Santos. Petrópolis: Vozes, 2018.

LUHMANN, Niklas. *Teoria dos sistemas na prática*: diferenciação funcional e modernidade. Tradução de Érica Gonçalves de Castro e Patrícia da Silva Santos. Petrópolis: Vozes, 2019.

MARINELA, Fernanda; RAMALHO, Tatiany; PAIVA, Fernanda. *Lei Anticorrupção*: Lei nº 12.846, de 1º de agosto de 2013. São Paulo: Saraiva, 2015.

MARINONI, Luiz Guilherme; MITIDIERO, Daniel; SARLET, Ingo Wolfgang. *Curso de direito constitucional*. 6. ed. São Paulo: Saraiva, 2017.

MARQUES NETO, Floriano Peixoto de Azevedo. *Regulação estatal e interesses públicos*. São Paulo: Malheiros, 2002.

MEDAUAR, Odete. *Direito administrativo moderno*. 20. ed. São Paulo: Revista dos Tribunais, 2016.

MEDAUAR, Odete. *Controle da administração pública*. 3. ed. São Paulo: Revista dos Tribunais, 2014.

MEDAUAR, Odete. Corrupção – Aspectos jurídicos, políticos e econômicos. *Interesse Público – IP*, Belo Horizonte, ano 5, n. 19, maio/jun. 2003.

MEIRELLES, Hely Lopes. *Direito administrativo brasileiro*. 25. ed. São Paulo: Malheiros, 2000.

MILESKI, Helio Saul. *O Estado contemporâneo e a corrupção*. Belo Horizonte: Fórum, 2015.

MIRANDA, Luiz Fernando. A análise neo-institucional da corrupção: corrupção e reformas. *Revista em tese*. Universidade Federal de Santa Catarina. v. 13, n. 1, jan./jun. 2016.

MIRANDA, Luiz Fernando. Unificando os conceitos de corrupção. *Revista Brasileira de Ciência Política*, n. 25. Brasília, jan/abril 2018.

MOHALLEM, Michael Freitas; et all. *Novas medidas contra a corrupção*. Rio de janeiro: Escola de Direito do Rio de Janeiro da Fundação Getúlio Vargas, 2018.

MONTESQUIEU. *O espírito das leis*. Tradução: Pedro Vieira Mota. 3. ed. São Paulo: Saraiva, 1994.

MORAES, Alexandre de. *Direito constitucional*. 20. ed. São Paulo: Atlas, 2006.

MOREIRA NETO, Diogo de Figueiredo. Novos horizontes para o direito administrativo pelo controle das políticas públicas. *Revista de Direito da Procuradoria Geral*, Rio de Janeiro, n. 62, 2007.

MOREIRA NETO. Uma nova administração pública. *Revista de Direito Administrativo*. Rio de Janeiro, n. 220, p. 179-182, abr-jun. 2000.

NALINI, José Renato. Ética *geral e profissional*. 13. ed. São Paulo: Revista dos Tribunais, 2016.

NEVES, Daniel Amorim Assumpção; OLIVEIRA, Rafael Carvalho Rezende. *Manual de improbidade administrativa*: direito material e processual. 6. ed. São Paulo: Método, 2018.

REFERÊNCIAS | 127

NEVES, Marcelo. *Constituição e direito na modernidade periférica*: uma abordagem teórica e uma interpretação do caso brasileiro. São Paulo: WMF, 2018.

OSÓRIO, Fábio Medina. *Direito administrativo sancionador*. São Paulo: Revista dos Tribunais, 2015.

PAIVA, Maristela. *Impactos da gestão estratégica no trabalho da Secretaria de Controle Interno da Câmara dos Deputados*. Escola da Advocacia-Geral da União, Brasília, 2009. Disponível em: https://repositorio.cgu.gov.br/bitstream/1/41988/8/Maristela%20Paiva.pdf. Acesso em: 30 out. 2020.

PASCOAL, Valdecir. *Direito Financeiro e Controle Externo*. 5. ed. Rio de Janeiro: Elsevier, 2006.

PETRELLUZZI, Marco Vinicio; RIZEK JÚNIOR, Rubens Naman. *Lei anticorrupção*: origens, comentários e análise da legislação correlata. São Paulo: Saraiva, 2014.

POPPER, K. R. *Conhecimento objetivo*: uma abordagem evolucionária. São Paulo: Itatiaia: EDUSP, 1975.

PORTAL, Marine. *La politique qualité de la certification des comptes publics*: Le cas de la Cour des comptes. Gestion et management. Poitiers: Université de Poitiers, 2009.

REIS, Clayton. *Dano moral*. 4. ed. Rio de Janeiro: Forense, 1998.

ROUSSEAU, Jean-Jacques. *Do contrato social*. Tradução de Eduardo Brandão. Companhia das Letras: São Paulo, 2011.

ROUSSET, Michel; ROUSSET, Olivier. *Droit administratif*: L'action administrative. 2. ed. Grenoble: Presses Universitaires de Grenoble, 2004.

SALGADO, Buenã Porto; JUNIOR, Helmar Tavares Mascarenhas. A necessidade de reforma constitucional do Tribunal de Contas como aprimoramento ao sistema de combate à corrupção. *Revista Controle*, Belo Horizonte, Ano. 14, n. 1, Jun./Dez. 2016.

SAMPAIO DÓRIA, Antônio. *Direito constitucional*: comentários à Constituição de 1946. v. II. São Paulo: Max Limonad, 1.960.

SANTOS, Boaventura Souza. Para além do pensamento abissal: das linhas globais a uma ecologia de saberes. *Revista Novos Estudos – CEBRAP*, São Paulo, n. 79, p. 71-94, nov. 2007.

SARLET, Ingo Wolfgang. Notas introdutórias ao sistema constitucional de direitos e deveres fundamentais. In: CANOTILHO, J. J. Gomes et al. (Org.). *Comentários à constituição do Brasil*. 2. ed. São Paulo: Saraiva, 2018.

SARLET, Ingo Wolfgang. *Dignidade da pessoa humana e direitos fundamentais na Constituição Federal de 1988*. 2. ed. Porto Alegre: Livraria do Advogado, 2002.

SARMENTO, Daniel. Fundamentos. In: CANOTILHO, J. J. Gomes et al. (Org.) *Comentários à constituição do Brasil*. 2. ed. São Paulo: Saraiva, 2018

SCAFF, Fernando Facury; SCAFF, Luma Cavaleiro de Macedo. Da fiscalização contábil, financeira e orçamentária. In: CANOTILHO, J. J. Gomes et al. (Org.) *Comentários à Constituição do Brasil*. 2. ed. São Paulo: Saraiva, 2018.

SCHWARCZ, Lilia Moritz. *Sobre o autoritarismo brasileiro*. São Paulo: Companhia das Letras, 2019.

SCHWARCZ, Lilia Moritz; STARLING, Heloisa Murgel. *Brasil: uma biografia*. São Paulo: Companhia das Letras, 2015.

SIMÃO, Valdir Moyses; VIANNA, Marcelo Pontes. *O acordo de leniência na lei anticorrupção*: histórico, desafios e perspectivas. São Paulo: Trevisan, 2017.

SIMON, Jan Michael. Corrupção e autoridade: as duas faces da "corrupção política". Uma agenda de pesquisa. *Revista Brasileira de Estudos Constitucionais – RBEC*, Belo Horizonte, ano 9, n. 33, set./dez. 2015.

STRECK, Lenio Luiz. *Verdade e consenso*. 6. ed. São Paulo: Saraiva, 2017.

SUPREMO TRIBUNAL FEDERAL. *MS 37.424*, Min. Carmen Lúcia, DJe n. 248, 13.out.2020, disp. em https://www.stf.jus.br/arquivo/djEletronico/DJE_20201013_248.pdf. Acesso em: 31 out. 2020.

TEXTE INTÉGRAL DA LA CONSTITUTION DU 4 OCTOBRE 1958 EN VIGUEUR. Disponível em: https://www.conseil-constitutionnel.fr/le-bloc-de-constitutionnalite/texte-integral-de-la-constitution-du-4-octobre-1958-en-vigueur. Acesso em: 26 mai. 2022.

TRANSPARENCY INTERNATIONAL. *The global coalition against corruption*. Disponível em: https://www.transparency.org/en/what-is-corruption#. Acesso em: 2 nov. 2020.

TRIBUNAL DE CONTAS DA UNIÃO. *Referencial de Combate à Fraude e à Corrupção*. Disponível em: https://portal.tcu.gov.br/lumis/portal/file/fileDownload.jsp?fileId=8A8182A258B033650158BAEFF3C3736C&inline=1. Acesso em: 25 jun. 2019.

TRIBUNAL DE CONTAS DA UNIÃO. *Manual de auditoria operacional*. 3. ed. Brasília: Secretaria de Fiscalização e Avaliação de Programas de Governo (Seprog), 2010.

TRIOLA, Mário F. *Introdução à estatística*: atualizações da tecnologia. 11. ed. Rio de Janeiro: LTC, 2014.

VAZ, Paulo; VELASCO, Fernando. Corrupção: problema e questão. *Revista compolítica*. v. 7(2), 2017.

VIEIRA, Eliane. A percepção da informação e da sua relevância no cenário institucional: sob a perspectiva de gestores e líderes. *Cadernos Ebape.Br*, Fundação Getúlio Vargas, v.12, Rio de Janeiro, ago. 2014.

VORONOFF, Alice. Direito administrativo sancionador: um olhar pragmático a partir das contribuições da análise econômica do direito. *Revista Direito Administrativo*, Rio de Janeiro, v. 278, n. 1, p. 107-140, jan./abr. 2019.

WEITZ-SHAPIRO, Rebecca; WINTERS, Matthew S. Political corruption and partisan engagement: evidence from Brazil. *Journal of Politics in Latin America*, 1, 2015.

ZYMLER, Benjamin; DIOS, Laureano Canabarro. *Lei anticorrupção (Lei n.º 12.846/2013)*: uma visão do controle externo. Belo Horizonte: Fórum, 2016.